volume 3

Com.ple.xi.da.de le.xi.cal e sub.clas.si.fi.ca.ção de pa.la.vras: os ver.bos

com.ple.xi.da.de /CS/ *s.f.* (1836 cf. sc)
le.xi.cal /CS/ *adj.2g.* (1899 cf. cr) LING
e teoria de classes de palavras

volume 3

Com.ple.xi.da.de le.xi.cal e sub.clas.si.fi.ca.ção de pa.la.vras: os ver.bos

Luiz Antonio Gomes Senna

 Rua Clara Vendramin, 58 · Mossunguê · CEP 81200-170 · Curitiba-PR · Brasil
Tel.: (41) 2106-4170 · www.intersaberes.com · editora@editoraintersaberes.com.br

Conselho editorial
Dr. Ivo José Both (presidente)
Drª. Elena Godoy
Dr. Nelson Luís Dias
Dr. Neri dos Santos
Dr. Ulf Gregor Baranow

Editora-chefe
Lindsay Azambuja

Supervisora editorial
Ariadne Nunes Wenger

Analista editorial
Ariel Martins

Análise de Informação
Eliane Felisbino

Revisão de texto
Alex de Britto Rodrigues

Capa
Roberto dos Santos Querido

Projeto gráfico
Bruno Palma e Silva
Regiane Rosa

Diagramação
Fabiana Edições

Iconografia
Danielle Scholtz

Dados Internacionais de Catalogação na Publicação (CIP)
(Câmara Brasileira do Livro, SP, Brasil)

Senna, Luiz Antonio Gomes
    Complexidade lexical e subclassificação de palavras: os verbos / Luiz Antonio Gomes Senna. – Curitiba: InterSaberes, 2012. – (Coleção Complexidade lexical e teoria de classes de palavras, v. 3)

    Bibliografia.
    ISBN 978-85-8212-111-5

    1. Português - Gramática 2. Português - Verbos 3. Português - Verbos - Conjugação I. Título. II. Série.

12-08054   CDD-469.5

Índices para catálogo sistemático:
1. Conjugação de verbos: Português: Linguística   469.5
2. Verbos: Conjugação: Português: Linguística   469.5

1ª edição, 2012.

Foi feito o depósito legal.

Informamos que é de inteira responsabilidade do autor a emissão de conceitos.

Nenhuma parte desta publicação poderá ser reproduzida por qualquer meio ou forma sem a prévia autorização da Editora InterSaberes.

A violação dos direitos autorais é crime estabelecido na Lei nº 9.610/1998 e punido pelo art. 184 do Código Penal.

su.má.rio

VOLUME III

Complexidade lexical e subclassificação de palavras: os verbos

prefácio à coleção . 11
símbolos e convenções . 17

capítulo um . Subclassificação e hierarquização de classes de palavras . 23

capítulo dois . Subclassificação dos verbos a partir da sintaxe . 29

2.1 . Padrões sintáticos e esquemas de transitividade verbal . 33
    2.1.1 . Padrões sintáticos verificados . 35

2.2 . Padrões sintáticos reduzidos . 46

2.3 . Conclusões parciais . 52

capítulo três . Subclassificação dos verbos a partir da semântica . 55

3.1 . Subclasses semânticas . 61
    3.1.1 . Operações existenciais . 63

3.1.2 . Operações dinâmicas . 65
3.1.3 . Operações biológicas e afetivas . 66
3.1.4 . Operações semióticas e verbais . 68
3.1.5 . Operadores causativos . 70
3.1.6 . Operações de deslocamento . 71
3.1.7 . Operações de natureza social . 74
3.1.8 . Operações mentais . 76
3.1.9 . Operações de ações qualificadas . 77
3.1.10 . Operações indicadoras de duração . 78

3.2 . Aspectos semânticos: conclusões parciais . 78

capítulo quatro . Subclasses semânticas e fatores lógico-semânticos . 89

4.1 . Semântica e avaliação das classes propostas . 92

4.2 . Aspectos lógico-semânticos . 97

4.3 . Avaliação das classes propostas . 106
    4.3.1 . Subclasses em situação regular . 106
    4.3.2 . Subclasses em situação irregular . 131
    4.3.3 . Subclasses e idiossincrasias lexicais . 136

4.4 . Quadro final de classes atualizadas . 139

4.5 . Conclusões parciais . 152

capítulo cinco . Subclasses de predicadores verbais e complexidade lexical . 157

5.1 . Subclasses como bases dos gerundivos . 163

notas . 173
referências . 179
índice remissivo . 187
nota sobre o autor . 203

VOLUME I

Teoria geral de classes de palavras

prefácio à coleção
símbolos e convenções

capítulo um . Classes de palavras: um problema complexo

capítulo dois . As classes de palavras na doutrina gramatical

2.1 . As classes na Antiguidade . 34
    2.1.1 . A base filosófica do nome, do verbo e do *logos*
    2.1.2 . A gramática com fins práticos de Dionísio: a morfologia

2.2 . As classes nas gramáticas normativas
    2.2.1 . A transitoriedade e as classes de palavras

2.3 . Problemas com as classes de palavras atuais
    2.3.1 . Problemas de transitoriedade
    2.3.2 . Classes abundantes
    2.3.3 . Classes disjuntas e vínculo necessário

capítulo três . Classes de palavras e traços nocionais

3.1 . Critérios de classificação de palavras
    3.1.1 . Traços nocionais e hierarquia pré-contextual
    3.1.2 . Caso gramatical
    3.1.3 . Sintagmas e categorias-barra

3.2 . O menor conjunto de traços classificatórios

capítulo quatro . Algumas classes de palavras do português

4.1 . Classes substantivas
    4.1.1 . Substantivo comum: N
    4.1.2 . Substantivo próprio: NPr
    4.1.3 . Verbo: V

4.2 . Classes qualificativas
    4.2.1 . Adjetivos qualitativos: ADJQ
    4.2.2 . Adjetivos essenciais: ADJE
    4.2.3 . Possessivos: Poss
    4.2.4 . Advérbios de modo: MODO
    4.2.5 . Intensificadores: Intens
    4.2.6 . Advérbios modalizantes: MODAL
    4.2.7 . Advérbios de negação: NEG

4.3 . Classes que indicam extensão
    4.3.1 . Delimitadores: DEL
    4.3.2 . Quantificadores indefinidos: QUANT
    4.3.3 . Numerais cardinais e fracionários: NUM
    4.3.4 . Ordinais: ORD
    4.3.5 . Deflectores: DEFL

4.4 . Classes que indicam tempo e espaço
    4.4.1 . Advérbios de tempo: T
    4.4.2 . Advérbios de lugar: E

4.5 . Classes que indicam extensão e situação
    4.5.1 . Demonstrativos: DEM
    4.5.2 . Artigos definidos: ADEF
    4.5.3 . Artigos indefinidos: AIND

4.6 . Pronomes substantivos
    4.6.1 . Pronomes pessoais: PROP
    4.6.2 . Pronomes de tratamento: PROT
    4.6.3 . Pronomes híbridos: PROH

4.7 . Pronomes conectivos
    4.7.1 . Pronomes interrogativos: PROI
    4.7.2 . Pronomes relativos: REL

4.8 . Recursos gramaticais
    4.8.1 . Conjunções coordenativas: +
    4.8.2 . Conjunções integrantes: QU-
    4.8.3 . Preposições 1: Prep1
    4.8.4 . Preposições 2: Prep2
    4.8.5 . Preposições 3: Prep3

4.9 . Recursos gramaticais coesivos
    4.9.1 . Preposições 4: Prep4
    4.9.2 . Conjunções adverbiais: QU-A

4.10 . Classes coesivas
    4.10.1 . Marcadores coesivos: COES

capítulo cinco . Concluindo: o potencial descritivo das classes
                    e o caso dos gerundivos

capítulo seis . Síntese geral do volume

notas
referências
índice remissivo
nota sobre o autor

VOLUME II

Derivação e produção lexical de termos complexos:
o gerundivo no português

capítulo um . Um problema complexo

1.1 . História dos gerundivos e sua fisionomia no português

capítulo dois . O perfil funcional do morfema /-ndo/

2.1 . Tratamento tradicional de /-ndo/

2.2 . O gerundivo como flexão verbal

2.3 . Os gerundivos em confronto com as demais classes
    2.3.1 . Classes a que o gerundivo pode pertencer
        2.3.1.1 . O gerundivo e o substantivo comum
        2.3.1.2 . O gerundivo e o verbo
        2.3.1.3 . O gerundivo e o advérbio de modo
        2.3.1.4 . O gerundivo e os ordinais

2.3.2 . Classes a que o gerundivo se assemelha
    2.3.2.1 . O gerundivo e os adjetivos essenciais
    2.3.2.2 . O gerundivo e o intensificador
    2.3.2.3 . O gerundivo e o advérbio de tempo
    2.3.2.4 . O gerundivo e os termos coesivos
    2.3.2.5 . O gerundivo e PREP4
    2.3.2.6 . Os gerundivos e as classes QU-, REL e QU-A

2.4 . /-ndo/ como marca de subordinação

capítulo três . Analisando o fato /-ndo/: um estudo morfossintático

3.1 . Tratamentos de motivação sintática
    3.1.1 . Hipótese transformacionalista
    3.1.2 . Hipótese lexicalista

3.2 . Tratamentos de motivação morfológica
    3.2.1 . Regras de redundância
    3.2.2 . Regras morfológicas e regras interpretativas
    3.2.3 . Generalização do princípio aos adjetivos e outras classes
    3.2.4 . Regras não marcadas por traços categoriais

3.3 . Regras de redundância e formas gerundivas
    3.3.1 . Regras de Análise Estrutural

3.4 . /-ndo/ como marca de subordinação

3.5 . A classe dos gerundivos e o morfema /-ndo/

capítulo quatro . Considerações finais
4.1 . Síntese geral

notas
referências
índice remissivo
nota sobre o autor

pre.fá.cio
à co.le.ção

A história da linguística moderna de certo modo confunde-se com a história dos estudos sobre a mente humana, algumas vezes não se distinguindo claramente os limites de uma e de outra. Entre os séculos XIX e XX, apesar da aparente especialização de que resultariam as ciências modernas tal como as vimos concebendo até hoje, a linguística – a exemplo das demais ciências do homem – inaugura uma série de estudos sobre a problemática da descrição das línguas naturais, tendo por motivação hipóteses sobre a engenharia do pensamento, ora mais, ora menos, explicitamente relacionadas a modelos sobre o funcionamento da mente humana. Uma das questões essencialmente motivadoras nas teorias de descrição gramatical desenvolvidas nesse período relacionava-se com a apresentação de alternativas cientificamente adequadas para a problemática da descrição da língua oral, até então desprezadas, seja pela inadequação dos suportes acadêmicos diante das peculiaridades da fala, seja pelo preconceito que desde a Antiguidade impusera a escrita como única fonte fidedigna de dados linguísticos.

Para os estudos relativos à fala, concorreriam, todavia, fatores os mais diversos (desde orientações acadêmicas a orientações sociológicas), cujas imposições redundaram na idealização de um modelo de oralidade concebido à luz do conceito de padrão linguístico, supostamente arrolado como unidade comum entre as inumeráveis manifestações da fala cotidiana. O conceito de padrão linguístico – manifesto em algumas doutrinas sob o título de *falante-ouvinte ideal* – ofereceria à pesquisa em teoria da gramática a ilusão acadêmica de operar sobre uma hipótese abstrata de língua corrente, muitas vezes, em consequência disso, em um movimento de reforço à estigmatização da fala, à medida que os padrões tomados como parâmetro na idealização dos sistemas gramaticais moldavam-se invariavelmente com base em pressupostos historicamente consagrados como adequados ao uso social.

O conceito de padrão, já no século XX, passa por quatro grandes fases que ilustram, todavia, um gradual declínio do estigma que pesara sobre a fala, a saber: (i) o conceito vigente no período clássico do estruturalismo, no qual o padrão se determinava através do resgate das estruturas já prenunciadas na tradição dos estudos gramaticais, desse modo tomando a materialidade da fala como objeto de desvio ou erro, comprometido ora com as apresentações de explicações sobre os princípios de funcionamento e representação mental da gramática tradicional, ora com a descrição de estados mentais associados ao condicionamento social, trazidos à linguística pela psicologia comportamental; (ii) o conceito vigente na doutrina gerativista, no qual o padrão seria instituído em cooperação com o conceito de aprendizibilidade e tomaria a intuição do falante como parâmetro de discernimento entre o que poderia, ou não, constar de um sistema capaz de ser gerado e operado pela mente; (iii) o conceito, já bem modificado pela noção de discursividade, introduzido pelos estudos sobre o discurso, em que a ideia de padrão gramatical se substitui pela ideia de padrão de adequação discursiva, à luz do princípio de que cada esfera de relação social determina regras específicas de uso da língua, fragilizando, desse modo, consideravelmente a concepção de um sistema gramatical com regras fixadas com base em um só parâmetro de discurso, tal como nos casos anteriores; (iv) finalmente, o conceito mais fraco, derivado dos estudos etnográficos introduzidos pela sociolinguística quantitativa, no interior da qual o padrão consistiria tão somente em um esquema de tendências no sistema gramatical, capazes de revelar, tanto a materialidade do estado de uso de determinado conjunto de falantes de uma língua, como os princípios regentes de variações possíveis (e irremediáveis) nos sistemas gramaticais.

A linguística jamais foi a mesma após a teoria da variação. O inimaginável provara-se, então, possível: a descrição dos fatos da língua oral e os princípios que permitissem explicar e antever as variações, ao mesmo tempo sincrônicas e diacrônicas, que marcam a natureza essencial dos sistemas falados. Todavia, em que pese ter sido revolucionária a determinação de condições para a análise e descrição das variações linguísticas – um passo decisivo para a aproximação das ciências da linguagem com a materialidade da fala humana –, um fator perdurou como impedimento para que se pudesse agregar a fala à teoria da gramática, qual seja: o conceito de sistema, que é a base primeira para a elaboração de modelos teóricos com pretensões explanatórias e não meramente descritivistas. A superação desse fator resultaria, entretanto, bem mais custosa do que a própria superação do conceito de padrão gramatical, na medida em que sua solução não residiria no interior das ciências da linguagem – ou mesmo das ciências humanas, isoladamente das demais –, mas sim na revisão de princípios ordenados na base fundamental da cultura científica.

Uma reorientação dos estudos linguísticos no sentido de levá-los a uma relação mais próxima com as propriedades de sistemas como o das línguas orais demandaria a adoção de um conceito de sistema que pudesse incorporar tanto os fatores que, internamente, possibilitassem variações, quanto os fatores externos que fossem condicionantes de algum modo, facultando ao falante a possibilidade de intervir sobre o sistema, dele se apropriando e sobre ele impulsionando transformações não raramente idiossincrásicas. Sistemas linguísticos regidos simultaneamente por regras internas e por regras externas introduzidas pelo falante não estavam, contudo, previstos em qualquer arranjo teórico previamente arrolado, nem pela linguística, tampouco por qualquer outra ciência, uma vez que – por tradição teórico-metodológica – cada sistema se descreve como uma unidade em si mesma, sob condições de previsibilidade integralmente dadas e sob isolamento de outros sistemas cuja natureza não seja regida pelas mesmas regras ou por regras afins. Assim, restaria à linguística encarar o problema da descrição da fala como um horizonte cientificamente intangível, cuja materialidade não se poderia capturar exceto por meio de aproximações ideativas ou descrições isoladas com pouca chance de apresentar explicações relevantes para o estudo teórico da representação mental dos sistemas gramaticais.

No último quarto do século XX, inúmeros movimentos acadêmicos insurgiram-se contra a aparente passividade da cultura científica ante os limites que lhe foram impostos pela concepção de sistema logicamente organizado. A exemplo disto, a Teoria do Caos (com impacto sobre as físicas e as matemáticas), a Teoria da Complexidade (com forte impacto sobre a própria antropologia das práticas científicas modernas), as teorias agregadas ao construtivismo baseado nas contribuições de Lev Vygostky e estudos sobre a materialidade do cotidiano biossocial (na sociologia e na ecobiologia) concorreriam para que se formulassem novas alternativas de compreensão do fenômeno mental resultante da cognição humana, em muito contribuindo para que se viesse a tomar o conceito de sistema sob uma concepção processual e temporalmente determinada. Surgiria, com base nisso, um conceito de sistema tomado como um todo em que as partes operam e interferem solidariamente umas nas outras, não apenas sob princípios universais, mas, também, sob condicionamentos individuais e idiossincrásicos determinados pelo contexto derivado de sua aproximação a outros sistemas não necessariamente homogêneos.

A ideia de sistema fechado e linear passaria a concorrer com a ideia de sistemas complexos, abertos ao estabelecimento de relações com diferentes contextos e à absorção de propriedades que lhe transformem e, até mesmo, reestruturem-lhe em um novo e inédito sistema. Trata-se, então, de uma concepção que supera o princípio da geração, este com base no qual os linguistas gerativistas buscavam explicar o modo como o falante se apropria do sistema gramatical para gerar frases inéditas e sob cujas orientações formou-se propriamente a cultura de uma teoria da gramática. Comparativamente aos gerativistas, os sistemas complexos admitem que a criatividade do falante opere tanto sobre as frases geradas pelas regras já existentes, quanto sobre as próprias regras, permitindo-se que o sistema como um todo se organize, dinamicamente, em processo.

A dinamicidade dos sistemas gramaticais não é um conceito recente na linguística, já formalmente anunciado tanto nos estudos históricos que precederam o estruturalismo no século XIX, quanto no estruturalismo, através da percepção de uma relação irrecorrível entre estudos diacrônicos e sincrônicos. Entretanto, buscava-se descrever o aspecto dinâmico dos sistemas gramaticais – sua temporalidade material, portanto – na linguística moderna através da comparação em cadeia de uma série de sistemas sincronicamente descritos, de modo tal que era sugerido ser possível tratar de cada momento histórico particular como um sistema isolado das transformações que, na realidade, lhe são inerentes, tanto diacrônica como sincronicamente. Assim, ainda que supostamente capazes de capturar a dinamicidade de sistemas complexos como a fala, os estudos baseados em descrições sincrônicas referentes a sistemas fechados jamais seriam capazes de descrever as propriedades que objetivamente concorrem para as mudanças perceptíveis numa perspectiva diacrônica e, ao mesmo tempo, dificilmente poderiam ser arrolados como base confiável para reflexões acerca das funções e regras efetivamente empregadas pelos falantes da língua, tendo em vista que tais regras e funções são, elas próprias, as responsáveis pela complexidade dos sistemas linguísticos.

Esta coleção, publicada em três volumes, descreve um esforço teórico-descritivo que busca integrar à gramática traços de sistemas complexos aplicados à análise lexical. A opção pelo léxico e, daí, pelas classes de palavras, deveu-se, sobretudo, ao fato de o arranjo de procedimentos e categorias arroladas no processo de seu tratamento teórico estar necessariamente comprometido com a totalidade dos aspectos constitutivos dos sistemas gramaticais e, ao mesmo tempo, com todos os recursos – intra e extragramaticais – dos quais os falantes dispõem para manter o léxico em constante processo de reformulação. Nos dois primeiros volumes, seleciona-se o caso das palavras gerundivas da língua portuguesa e, em face de sua complexidade, analisa-se o impacto sobre os procedimentos com que se estabelecem classes de palavras. O estudo assinala a necessidade de que a teoria da gramática tome o sistema da língua como uma unidade, desse modo assumindo como princípio o fato de que a descrição dos diversos componentes gramaticais jamais resulte em arranjos cuja adequação não se possa atestar, transversalmente, entre as descrições dos demais componentes. Tal pressuposto – que atinge centralmente, aqui, os limites e as relações entre a sintaxe, a morfologia, a semântica e a pragmática –

é retomado no terceiro volume, quando se analisam procedimentos de subclassificação de predicadores verbais. O estudo apresentado, que particulariza questões previamente discutidas nos dois primeiros volumes, assinala a impossibilidade de se operacionalizar o princípio de classes de palavras em rotinas de descrição léxico-funcional, sem se ter em conta que – mesmo se motivado por questões de ordem lógico-semântica – não se pode avançar na identificação das partes do discurso sem o emprego de traços de diferentes naturezas gramaticais em relação de solidariedade.

Trata-se um trabalho em favor de que se aproximem os estudos linguísticos de dinâmicas dos sistemas gramaticais com que se processam os mecanismos de complexização das línguas naturais em sua forma oral, temporal e sujeita à interferência constante dos sujeitos, seus usuários correntes. Isso vai em direção, portanto, a um modelo de descrição gramatical baseado na concepção de sistemas complexos, sujeitos ao controle de traços determinados pela intencionalidade do falante (aqui chamados *traços nocionais*), cuja prerrogativa se impõe sobre a forma de expressão.

Luiz Antonio Gomes Senna

sím.bo.los e con.ven.ções•

*	Usado antes de uma frase, indica agramaticalidade.
??	Usado antes de uma frase, indica inadequação semântica ou discursiva.
≈	Indicativo de equivalência, lê-se como "equivale a".
⟺	Em regras gramaticais, gráficos ou diagramas, indica que dois termos são funcionalmente equivalentes.
↔	Em regras gramaticais, indica a relação funcional ou interpretativa entre dois termos.
→	Em regras gramaticais ou cadeias descritivas, indica relação de causalidade ou hierarquia; em regras de reescrita frasal, indica a forma estrutural de uma posição sintática.
/- xx/	Notação utilizada para representar morfemas de qualquer espécie.
[... ...]	Em regras descritivas, indica que uma ou mais partes encontram-se suprimidas.
$^0[...^1[...^2[...]^2...]^1...]^0$	Em descrições frasais, índices numéricos acima dos colchetes, ou abaixo, indicam fronteiras de sintagmas ou posições-barra.

• O uso de maiúsculas e minúsculas nos símbolos e nas convenções é baseado nos padrões adotados nas áreas da filosofia e da linguística.

® / ⊗	Traços descritivos empregados na análise de subclasses verbais cujos padrões sintáticos possam, respectivamente, ser/não ser reduzidos a termo através de operações de apagamento de complementos; no caso particular dessas subclasses, o traço ⊗ também é empregado para indicar uma classe geradora de ambiguidade descritiva.
[+]	Junto a traços distintivos ou categoriais, indica que o termo apresenta a propriedade; junto a classes, indica que todos os termos associados apresentam a propriedade.
[-]	Junto a traços distintivos ou categoriais, indica que o termo não apresenta a propriedade; junto a classes, indica que nenhum dos termos associados apresentam a propriedade.
⊕	Junto a classes, indica que quase todos os termos associados apresentam a propriedade.
⊖	Junto a classes, indica que quase todos os termos associados não apresentam a propriedade.
∅	Categoria vazia – indica uma entrada gramatical não preenchida lexicalmente na sentença, tal como no caso dos sujeitos desinenciais.
$X_{[+A]}$	Qualquer categoria que apresente o traço distintivo [+A].
[+ lugar onde]	Traço nocional que integra o campo da predicação: substância que determina um ponto no espaço cognitivo em que se referencia a predicação.
[+ fim]	Traço nocional que integra o campo da predicação: substância que indica a causa de uma predicação.
[+ ponto em T]	Traço nocional que integra o campo da predicação: substância que determina um ponto no tempo cognitivo em que se referencia a predicação.
para Z	
devendo ser Z-do	
tão Z quanto	Em morfologia derivacional, indicam o efeito interpretativo de um derivado, em que Z é o significado redundante no radical.
lugar onde Z	
modo como Z	
Z = {... ...}	O conjunto de todas as propriedades possíveis com que opera a mente humana no processo de representação.
[+Z]	Qualquer propriedade com que opera a mente humana no processo de representação.
#se	Pronome reflexivo.

:S	Indica uma sentença encaixada na oração sem marca de subordinação.	
[+A] [±A] [-A]	Traços categoriais de propriedade funcional adjetiva marcados, respectivamente, como "contém", "pode ou não conter", "não contém".	
[+N] [±N] [-N]	Traços categoriais de propriedade funcional nominativa marcados, respectivamente, como "contém", "pode ou não conter", "não contém".	
[+P] [±P] [-P]	Traços categoriais de propriedade funcional subordinativa ou outra operação tipicamente gramatical, marcados respectivamente, como "contém", "pode ou não conter", "não contém".	
[+V] [±V] [-V]	Traços categoriais de propriedade funcional verbal marcados, respectivamente, como "contém", "pode ou não conter", "não contém".	
[+X]	Notação genérica de um traço categorial ou distintivo.	
[SN]	Sintagma nominal.	
[Sx]	Notação genérica de sintagmas, cuja denominação varia conforme o tipo de categoria que figura como núcleo sintático.	
$[X]^v$ ou $[X]_v$	Qualquer termo que se assemelhe a um verbo.	
$[X]^{[+Y]}$ ou $[X]_{[+Y]}$	Indica qualquer termo que apresente um traço categorial ou distintivo determinado.	
+	Isolado, fora de colchetes ou não acompanhado de traço distintivo ou categorial, indica a conjunção coordenativa.	
A e $\bar{A}$	Respectivamente, posição-A, posição estrutural que recebe caso (Comp), e posição-$\bar{A}$, posição estrutural que não recebe caso (Espec).	
Comp e Espec	Na Teoria da Regência e Vinculação, respectivamente, posição de complemento e posição de especificador.	
ABL	Caso gramatical ablativo.	
Aç.	Categoria lógica da representação do conhecimento sobre a ação cognitiva em si.	
ACU	Caso gramatical acusativo.	
ADEF	Artigo definido.	
Adj	Adjetivo.	
ADJE	Adjetivo essencial.	
ADJQ	Adjetivo qualitativo ou qualificador.	
AIND	Artigo indefinido.	
Art	Artigo.	

	COES	Marcador coesivo.
	DAT	Caso gramatical dativo.
	DEFL	Pronome deflector.
	DEL	Pronome delimitador.
	DEM	Pronome demonstrativo.
	DET	Determinante.
	E	Advérbio de lugar.
	RAE	Em morfologia derivacional, Regra de Análise Estrutural.
	Fís.	Categoria lógica da representação do conhecimento sobre a realidade tangível.
	Indef	Pronome indefinido.
	Intens	Intensificador (advérbio).
	MODAL	Advérbio modalizante.
	MODO	Advérbio de modo.
	N	Substantivo.
	NEG	Advérbio de negação.
	NOM	Caso gramatical nominativo.
	NPr	Substantivo próprio.
	NUM	Numeral cardinal ou fracionário.
	ORD	Ordinal.
	POSS	Pronome possessivo.
	PROH	Pronome híbrido.
	PROI	Pronome interrogativo.
	PROP	Pronome pessoal.
	PROT	Pronome de tratamento.
	Psi.	Categoria lógica da representação do conhecimento sobre a objetividade afetiva.
	QU-	Conjunção integrante.
	QU-A	Conjunção adverbial.
	QUANT	Quantificador indefinido.
	REL	Pronome relativo.
	RFP	Em morfologia derivacional, Regra de Formação de Palavras.
	RRL	Em morfologia derivacional, Regra de Redundância Lexical.

S		Sentença.
Símb.		Categoria lógica da representação do conhecimento sobre a consciência simbólica.
Soc.		Categoria lógica da representação do conhecimento sobre o valor sociocultural.
T		Advérbio de tempo.
V		Verbo.
SA		Usa-se genericamente para qualquer sintagma em função determinante, seja um SAdv ou um SAdj.
SAdj		Sintagma adjetivo.
SAdv		Sintagma adverbial.
SN		Sintagma nominal.
SV		Sintagma verbal.
$\bar{V}$		Categoria-barra controlada por um verbo.
$\bar{N}$		Categoria-barra controlada por um substantivo ou assemelhado.
$\bar{X}$		Notação genérica de uma categoria-barra.
$\bar{\bar{X}}$		Categoria-barra que se projeta sobre outra categoria-barra situada em nódulo imediatamente inferior.
$X \to Y$		Em morfologia derivacional, indica a condição de reciprocidade.
X^0		Notação genérica de uma projeção que se ramifica em um único termo pertencente à mesma categoria "x".
$X\{... S ...\}$		Tipo de complemento verbal que se estrutura como uma sentença plena, ou seja, com modo, tempo e aspecto próprios, ou, se escalar, regendo caso a Comp.

ca.pí.tu.lo
um

Subclassificação e hierarquização de classes de palavras

Inúmeros casos de palavras complexas sugerem ser necessário ir além das classes apresentadas nos dois primeiros volumes desta coleção, a fim de que se possam reunir condições para tratar-se adequadamente de relações gramaticais entre termos de uma mesma família derivacional no léxico. Assim, no caso, por exemplo, dos gerundivos e dos nomes deverbais, cujas bases primárias são, em sua maioria, verbos, o esquema de classes de palavras previamente descrito não reúne instrumentos que permitem à teoria da gramática circunscrever algum conjunto de princípios estruturais que minimamente expliquem as distribuições estruturais possíveis ou prováveis em contextos formados por palavras desses tipos. Isso ocorre porque, sob a designação de classes como a dos verbos ou a dos substantivos, arrolam-se palavras cujos matizes semânticos determinam variações estruturais nas frases em que tais palavras venham a ser empregadas. Desse modo, ainda que verbos e substantivos guardem plenas condições para que sejam tratados como nos Volumes 1 e 2, abordar as palavras dessas classes, desse modo, repercute na fragilização dos recursos que nos permitiriam compreender, por exemplo, por que alguns processos derivacionais se aplicam a algumas e não a outras classes, ou por que certas especificidades de seus derivados referentes à necessidade de complementização aplicam-se a umas e a outras não.

Não raro, costuma-se atribuir as variações no processo derivacional entre palavras de uma mesma classe às idiossincrasias que os falantes introduzem no léxico por força do uso. No entanto, ainda que não se possa extrair da teoria da gramática algum componente em que se preveja a intervenção de fatores idiossincrásicos sobre o léxico das línguas naturais, é possível que, em boa parte, os chamados *acidentes derivacionais* sejam assim tratados tão somente por força dos limites descritivos determinados pelo conjunto de traços com que foram definidas as categorias utilizadas na descrição gramatical. Assim sendo, não há como atestar – até este ponto dos estudos apresentados – se a imprevisibilidade ou a amplitude de propriedades de termos como os gerundivos formados a partir de /-ndo/ possam ser reduzidas, ou não, em termos de custo descritivo, através de alguma reforma no modo como se descreveu a classe dos verbos.

Nesse terceiro volume da coleção, discute-se a possibilidade de subclassificar a classe dos verbos do português, tendo em conta propriedades que possam distingui-los entre si por meio dos tipos de predicação. Espera-se com isso gerar classes de predicadores mais específicas e capazes de circunscrever propriedades que possam ser empregadas no processo de análise de situações complexas, manifestas, sobretudo, entre os termos derivados.

A rotina de subclassificação descrita adiante leva em conta três alternativas de categorização dos verbos, utilizando-se, inicialmente, critérios estritamente sintáticos, em seguida, estritamente semânticos e, finalmente, lógico-semânticos, reunindo-se entre estes informações sintáticas e semânticas solidariamente articuladas. Cada alternativa apresentada é associada a um padrão de conduta descritiva, com o qual se discutem critérios para a aplicação de recursos descritivos e de avaliação cuja adoção, aqui, é, sobretudo, associada ao princípio de que as rotinas de análise tenham em conta sua responsabilidade com a consistência da teoria da gramática, assegurando-lhe padrões metodológicos adequados às condutas acadêmico-científicas.

Uma questão central a ser atendida na rotina de subclassificação dos verbos – ou de qualquer outra classe – é o atendimento à noção de hierarquia de traços classificatórios já discutida anteriormente (Volume 1 desta coleção). Em que pese o fato de subclasses provocarem especializações nas classes já propostas, tornando-as desse modo cada vez mais dependentes de aspectos específicos dos sistemas particulares de línguas em análise, sua proposição deve orientar-se no sentido de não lhes imputar uma fisionomia excessivamente particular a ponto de virem a se confundir com classes de motivação estritamente operacional, sem vulto universal. Desse modo, além do que já fora considerado no âmbito da hierarquização de traços classificatórios – até então restrito à situação dos cinco tipos de traços e dos efeitos sobre as classes provocados por tal situação –, deverá ser levado em conta na subclassificação dos predicadores verbais que os traços a serem adotados, em acréscimo àqueles já apresentados, preservem tanto o arranjo de sua situação, quanto o arranjo das classes finais, de modo que a designação de uma subclasse sustente-se necessariamente sob a prerrogativa de traços encontrados hierarquicamente na mesma situação. Vale dizer, portanto, que, se a orientação mais adequada para a subclassificação de verbos partir de traços de ordem semântica, nenhuma subclasse poderá ser justificada posteriormente sob argumentos de ordem sintática ou morfológica.

Como veremos, todavia, em reforço às conclusões dos estudos já apresentados nos Volumes 1 e 2, a fixação de subclasses não pode desprezar a integralidade dos traços descritivos oriundos de todas as ordens, à exceção, no caso que abordaremos, dos traços nocionais, uma vez que já previamente delimitou-se a análise ao universo dos predicadores verbais, todos marcados com o traço [+ PARTE SUBSTANTIVA DA OPERAÇÃO PREDICATIVA]. O exercício descritivo consiste, justamente, em decidir pelo melhor conjunto de subclasses que, partindo de traços de determinada ordem, toma corpo na teoria da gramática com base em um arranjo solidário composto por traços de todas as ordens. Isso nos leva a postular, então, que a hierarquização universal de traços caracteriza-se, também, pela propriedade de articulação entre os traços mais elevados e os inferiores, de modo que nenhum traço hierarquicamente superior possa existir sem a possibilidade de concorrer para a distinção de categorias da gramática não articuladas a traços hierarquicamente inferiores, sob pena de vir a representar um elemento isolado e contrário à natureza complexa do léxico, no qual prepondera o princípio de mútua reflexividade.

O princípio de reflexividade pode ser definido como aquele que permite aos termos da estrutura de um sistema complexo intervirem uns sobre os outros, de modo que nenhuma hierarquia gramatical isente qualquer das categorias do sistema de vir a sofrer reflexos oriundos de categorias hierarquicamente inferiores ou superiores. Esse princípio mostra-se significativamente relevante no estudo das subclasses de predicadores verbais, cuja natureza somente se pode justificar e avaliar quando se observa o comportamento de cada classe a partir do arranjo e das variações estruturais possíveis a partir das combinatórias de traços de diferentes ordens hierárquicas.

Em prosseguimento, vejamos, então, como procedi ao levantamento e à análise do conjunto de subclasses de predicadores verbais.

ca.pí.tu.lo
dois

Subclassificação dos verbos a partir da sintaxe

Encontra-se a seguir um levantamento dos padrões sintáticos das sentenças da língua portuguesa, resultante de um estudo sistemático sobre o comportamento de formas verbais de uso corrente coloquial. Esse levantamento, a rigor, não é capaz de atender à demanda de subcategorização dos predicadores verbais, mas instaura uma problemática a ser solucionada quanto à adoção de medidas estritamente sintáticas no processo de classificação de palavras. Embora constitua um estágio prematuro da subcategorização dos verbos, esse levantamento de padrões sintáticos traz implicações interessantes acerca da forma estrutural do português, à luz de uma perspectiva não contaminada pela força da tradição gramatical.

A expressão *padrão sintático*[1] será utilizada, simultaneamente, com duas acepções. Primeiramente, denominarei *padrão sintático* a forma estrutural que cada um dos complementos verbais possíveis do português pode tomar. Nessa acepção, portanto, consideram-se as diferentes estruturas físicas que podem funcionar como complementos de verbos.

Em uma segunda acepção, denominarei *padrão sintático* o esquema composto por um conjunto de formas físicas que satisfazem as necessidades de um falante do português ao construir uma frase. Nessa acepção – a que empregarei com maior frequência daqui para frente –, refiro-me a um tipo de arcabouço estrutural de sentenças da língua portuguesa, o qual leva em conta o tipo de categoria gramatical que pode funcionar como complemento e sua posição relativa ao verbo ou a outros complementos.

Vale ressaltar que, ao tratar de padrões físico-estruturais de complementos, necessito ampliar a extensão do conceito denominado *termo integrante*[2], restrita, na tradição gramatical, a formas de natureza morfológica nominal. Assim como sugerido por Rocha Lima (1978) em sua gramática normativa, estarei admitindo que formas de natureza morfológica ou funcional adverbial podem figurar no esquema de complementos necessários a certos verbos. Essa ressalva destina-se, exclusivamente, àqueles que adotam as gramáticas clássicas como referencial teórico, já que na linguística moderna a restrição dos complementos verbais às categorias nominais é irrelevante[3]. Do mesmo modo, tornou-se irrelevante a distinção funcional entre termos integrantes e essenciais, no que concerne à distinção entre o sujeito e os demais complementos, constantes do predicado[4].

Os padrões sintáticos que apresentarei a seguir foram levantados da análise de um conjunto de aproximadamente 3.700 formas verbais lexicalizadas no português, estimando-se tratar-se de uma mostragem de verbos expressiva do léxico de um falante do padrão culto da língua, nesses primeiros anos do século. Para organizar o *corpus*, foi realizado um levantamento dos verbos constantes de um dicionário não especialista, desprezando-se itens cujo emprego mostrou-se restringir a condições discursivas altamente especializadas.

A rotina de tratamento sistemático de cada item verbal selecionado consistiu de sua indexação em planilha de dados, conforme os tipos de estruturas que poderiam satisfazer a transitividade dos verbos em sentenças plenamente aceitáveis em contextos comunicativos em língua portuguesa. Levantou-se, para cada verbo, o maior número possível de combinações de complementos com as quais se pudessem construir frases gramaticais no discurso coloquial, resultando disso um *corpus* de padrões sintáticos várias vezes maior do que o número de formas verbais. Assim, por exemplo, observou-se que um item verbal como $[dá\text{-}]_v$ pode apresentar seis padrões sintáticos distintos, registrados no *corpus* com as seguintes ocorrências:

$^1[N \underline{\quad} N\, Prep1]^1$

1. Joaquim deu um presente para sua namorada.

$^2[N \underline{\quad} N]^2$

2. Joaquim dá doces de Cosme e Damião.

$^3[N \underline{\quad}]^3$

3. Sua garota dá.

$^4[N \underline{\quad} DE_{Prep2}\, si_{PROP}]^4$

4. Joaquim dá de si (... no trabalho).

$^5[N \underline{\quad} EM_{Prep2}\, N]^5$

5. Essa rua dá em Vila Izabel.

$^6[N \underline{\quad} COM_{Prep2}\, N\, EM_{Prep2}\, N]^6$

6. Joaquim deu com o carro no poste.

A indexação das formas verbais não levou em conta nenhuma possível especialização semântica que itens em particular viessem a adquirir quando empregam um padrão sintático qualquer. Estou, então, admitindo que nos exemplos 7 e 8 há uma só forma verbal, embora se perceba nitidamente haver dois significados bastante específicos num caso e no outro.

7. Joaquim deu um presente para sua namorada.
8. Essa rua dá em Vila Izabel.

Ao tomar essa decisão, levei em conta o fato de que meu interesse imediato era o de determinar, naquele momento, o conjunto de padrões sintáticos do português, sem considerar interferências de natureza outra que não a sintático-estrutural. Mais adiante, todavia, observaremos que a adoção desse tipo de medida não é satisfatória para o processo classificatório[5].

Após ter sido concluída a indexação, os arquivos foram rastreados automaticamente, a fim de separar e contar os diferentes padrões sintáticos encontrados na transitividade dos verbos do português. O resultado disso foi um conjunto de 29 padrões distintos entre si, cujo emprego com os aproximadamente 3.700 verbos foi verificado em cerca de 7.100 ocorrências, aleatoriamente extraídas dos arquivos em que os dados estavam armazenados. Esse número corresponde a 65% do total de ocorrências arquivadas, constituindo, assim, uma mostragem confiável, com base na qual resultou o estudo que descrevo na sequência.

2.1
Padrões sintáticos e esquemas de transitividade verbal

A seguir, encontram-se listados cada um dos padrões sintáticos identificados no *corpus* de dados, com o número de vezes em que foram localizados nos arquivos, seguidos de exemplos elucidativos. Os quatro últimos padrões apresentados não foram processados na rotina de análise dos dados, uma vez que não foram registrados durante o processo de indexação dos verbos nos arquivos-base. Embora não se possa afirmar com objetividade a frequência desses verbos, deduz-se que se trate de uma taxa extremamente baixa, tendo em vista sua não ocorrência em nenhuma das formas que compuseram o *corpus*. A notação adotada na apresentação dos padrões sintáticos segue a terminologia apresentada aqui, no estudo descritivo constante no Volume 1 da coleção, especialmente no que concerne ao esquema de classes de palavras. Essa notação se define resumidamente da seguinte maneira:

i. as categorias-barra apresentadas assumem a posição de Chomsky (1986) – na Teoria da Gramática Modular –, representando posições estruturais da sentença nas quais há ocorrência de caso gramatical controlado ou pela própria sentença (no caso do nominativo/sujeito), ou pelo verbo (no caso do acusativo ou do dativo, respectivamente associados às funções de objeto direto e indireto);

ii. Prep1, Prep2 e Prep3, funcionando como tipos de preposições, definidos conforme o caso gramatical que imprimem ao $\overline{N}$ sob seu controle. Prep1 (em que figuram *para* e *a*) satisfaz o preenchimento de uma entrada gramatical marcada com o caso dativo; Prep2 imprime os casos genitivo e acusativo (apenas o segundo quando em posição estrutural de categoria-barra); Prep3 imprime o caso ablativo;

iii. X{... S ...} corresponde a qualquer estrutura que se identifique a uma sentença, seja ela plena (quando o verbo tem modo, tempo e aspecto) ou escalar (quando o predicador não tem modo, tempo e aspecto, mas continua havendo pelo menos uma entrada gramatical com o caso nominativo regido por uma posição estrutural superior ou equivalente à do predicador)[6];

iv. :S corresponde a uma oração que se encaixa à outra sem qualquer marca de subordinação, como em certos casos do discurso indireto livre:

9. João falou: cheguei!

v. $X_{[+A]}$ corresponde a qualquer categoria gramatical que tenha o traço [+A], relacionado a propriedades adjetivas ou adverbiais;

vi. PROP é uma subclasse dos pronomes correspondente aos pronomes pessoais.

2.1.1
Padrões sintáticos verificados

Padrão ¹[__]¹
Padrão sintático dos verbos impessoais intransitivos. Número total de ocorrências verificadas: 15 verbos.

10. Choveu muito.
11. Amanheceu.

Padrão ²[__ $\overline{N}$]²
Padrão sintático dos verbos impessoais transitivos.
Número total de ocorrências verificadas: 3 verbos.

12. Hoje vai chover canivete: sai de baixo.
13. Há pessoas entrando.
14. São três horas.

Padrão ³[__ $\overline{Prep2}$]³
Padrão sintático dos verbos impessoais transitivos indiretos.
Número total de ocorrências verificadas: dois verbos.

15. Basta de coca-cola por hoje.
16. Há de sair sua transferência.

Padrão ⁴[$\overline{N}$ __]⁴
Padrão sintático dos verbos que se empregam como intransitivos.
Número total de ocorrências verificadas: 1.472 verbos.

17. A criança nasceu.
18. A planta morreu.
19. João escreve.
20. Esse sabão não limpa.

Padrão ⁵[__ ^{X}{ ... S ... }]⁵
Padrão sintático dos verbos que se empregam como intransitivos ou como impessoais, e tomam orações ou infinitivos como sujeito ou objeto[7].
Número total de ocorrências verificadas: 16 verbos.

21. Basta que você aperte aqui.
22. Acontece que eu não estou exagerando.
23. Vale que tudo acabou.
24. É que na hora tudo se arranja.

Padrão $^6[^X\{ \ldots S \ldots \} \ \underline{\overline{Prep1}}]^6$

Padrão sintático dos verbos que se empregam como intransitivos, tomam por sujeito uma oração ou estrutura infinitiva e são seguidos de complemento dativo[8].

Número total de ocorrências verificadas: cinco verbos.

25. Surpreende-me que você ainda esteja aí.
26. Agrada-lhe que haja corrupção no governo?

Padrão $^7[\overline{N} \ \underline{\ } \ \overline{Prep1}]^7$

Padrão sintático dos verbos que se empregam como intransitivos, mas são seguidos de complemento dativo (sem se considerar o dativo de interesse[9]).

Número total de ocorrências verificadas: 12 verbos.

27. Sua atitude decepcionou-me.
28. Este automóvel não me serve: é muito pequeno.

Padrão $^8[\overline{N} \ \underline{\ } \ \overline{N}]^8$

Padrão sintático dos verbos que se empregam como transitivos diretos.
Número total de ocorrências verificadas: 2.079 verbos.

29. João constrói casas.
30. Você já teve cólera neste mês?
31. Ana toma coca-cola demais.
32. Eduardo acendeu as luzes.
33. Pedro quer café.
34. Mariana quebrou seu relógio.

Padrão $^9[\overline{N} \ \underline{\ } \ ^X\{ \ldots S \ldots \}]^9$

Padrão sintático dos verbos que se empregam como transitivos diretos e tomam por complemento uma oração ou estrutura infinitiva.

Número total de ocorrências verificadas: 306 verbos.

35. Eu quero que você saia.
36. Poucos disseram que viriam à festa.
37. Os policiais não acertaram se voltariam à tarde.
38. Eu defendo ¹/que devemos²/permanecer firmes/² /¹.
39. A guerra acarretou que todos largaram suas terras.
40. Vimos que não ia sair nada dali.
41. Decidiu que devia ficar calado.

Padrão [10][$\overline{N}$ ___ :S][10]

Padrão sintático dos verbos que admitem por complemento uma oração não complementizada, em discurso indireto livre.
Número total de ocorrências verificadas: 111 verbos.

42. Declarou: "é hora de tomar posição".
43. E, finalmente, concluí: "isto não é certo!"

Padrão [11][^{X}{ ... S ... } ___ $\overline{N}$][11]

Padrão sintático dos verbos transitivos que tomam por sujeito uma oração ou estrutura infinitiva.
Número total de ocorrências verificadas: dois verbos.

44. Fazer isto não custa nada.
45. Que vocês não façam nada a respeito causa espanto.

Padrão [12][^{X}{ ... S ... } ___ N $\overline{Prep1}$][12]

Padrão sintático dos verbos que tomam por sujeito uma oração ou estrutura infinitiva e são seguidos por um complemento objetivo e um dativo.
Número total de ocorrências verificadas: dois verbos.

44a. Fazer isto não lhe custa nada.
45a. Que vocês não façam nada a respeito causa espanto a todos.

Padrão [13][$\overline{N}$ ___ $\overline{X}_{[+A]}$][13]

Padrão sintático dos verbos que tomam por complemento um predicativo ou uma expressão com o traço funcional [+ SITUAÇÃO T/E].

Número total de ocorrências verificadas: 21 verbos.

46. Eu sou professor.
47. Esse garoto está doente.
48. Ninguém ficou sentado aqui.
49. Não chegamos aqui à toa.
50. Para que você veio aqui?

Padrão $^{14}[^{X}\{ ... S ... \} \underline{\quad} \overline{X}_{[+A]}]^{14}$

Padrão sintático dos verbos transitivos que tomam por sujeito uma oração ou estrutura infinitiva e por complemento uma expressão predicativa.
Número total de ocorrências verificadas: quatro verbos.

51. É certo que o governador renuncie.
52. Parece inevitável que o povo vote nele de novo.
53. Ficou acertado que a sentença sairia na quinta-feira.
54. Está claro que erramos aqui.

Padrão $^{15}[\overline{N} \underline{\quad} \overline{N\,Prep1}]^{15}$

Padrão sintático dos verbos transitivos diretos e indiretos.
Número total de ocorrências verificadas: 115 verbos.

55. Ø escrevi uma carta para Maria.
56. A madre superiora concedeu audiência às alunas.
57. Todo mundo faz festinhas para esse cachorro.

Padrão $^{16}[\overline{N} \underline{\quad} \overline{Prep1}:S]^{16}$

Padrão sintático dos verbos que tomam por complemento uma oração não complementizada e um complemento dativo.
Número total de ocorrências verificadas: sete verbos.

58. Então eu disse para ela: "Chega!"
59. Foi quando o policial lhes pergunta: "onde vocês vão, mocinhos?"

Padrão $^{17}[\overline{N} \underline{\quad} \overline{Prep1}\,^{X}\{ ... S ... \}]^{17}$

Padrão sintático dos verbos que tomam por complemento uma oração ou estrutura infinitiva e são acompanhados por complemento dativo.

Número total de ocorrências verificadas: sete verbos.

60. Ø falaram para mim que você era espião.
61. O bandido revelou-me que era sócio do prefeito.

Padrão $^{18}[\overline{N} \underline{\quad} \overline{N} \overline{X}_{[+A]}]^{18}$
Padrão sintático dos verbos que tomam objeto direto e um predicativo relacionado a este.
Número total de ocorrências verificadas: sete verbos.

62. A empregada deixou a casa super limpa.
63. Nós fizemos esse homem presidente.
64. Quem me considera tolo?
65. Coloque o cão aqui.

Padrão $^{19}[\overline{N} \underline{\quad} \overline{Prep2}]^{19}$
Padrão sintático dos verbos transitivos indiretos. Número total de ocorrências verificadas: 1.494 verbos

66. Maria gosta de café.
67. Luciana parece com Eduardo.
68. O síndico desfaz dos funcionários.
69. Pare de falar.

Padrão $^{20}[\overline{N} \underline{\quad} \overline{N\,Prep2}]^{20}$
Padrão sintático dos verbos transitivos que tomam objeto direto e um complemento indireto não dativo.
Número total de ocorrências verificadas: 42 verbos.

70. Tirei meu filho daqui.
71. Levei-o para a praia.

Padrão $^{21}[\overline{N} \underline{\quad} \overline{N\,Prep2\,Prep2}]^{21}$
Padrão sintático dos verbos transitivos que tomam objeto direto e dois objetos indiretos não dativos.
Número total de ocorrências verificadas: 42 verbos.

72. Transferi meu filho daqui para lá.
73. Levei meu cachorro daqui até a casa do veterinário.

Padrão ²²[N̄ __ P̄rep3̄]²² ou [N̄ __ E]
Padrão sintático dos verbos que tomam por complemento uma expressão [+ SITUAÇÃO T/E] formada por preposição subordinativa ou E.
Número total de ocorrências verificadas: sete verbos.

74. Ø fui à praia.
75. O reitor acabou de chegar na Universidade.

Padrão ²³[N̄ __ N̄ P̄rep3̄]²³ ou [N̄ __ N̄ E]
Padrão sintático dos verbos que tomam complemento objetivo direto seguido de uma expressão formada por preposição subordinativa ou E.
Número total de ocorrências verificadas: seis verbos.

76. Ø coloquei-o sobre a mesa.
77. A mãe escondeu os chocolates na geladeira.
78. Ø quebrou o rádio com a marreta.

Padrão ²⁴[N̄ __ #se_{[PROP]}]²⁴
Padrão sintático dos verbos que permitem ser acompanhados por pronome reflexivo.
Número total de ocorrências verificadas: 826 verbos.

79. Você já se penteou?
80. O cão se coça o dia todo.
81. Os fatos refletem-se no contexto econômico.

Padrão ²⁵[N̄ __ #se_{[PROP]} P̄rep2̄]²⁵
Padrão sintático dos verbos que tomam complemento reflexivo seguido de um complemento objetivo indireto.
Número total de ocorrências verificadas: 707 verbos.

82. Ø transferiu-se para a casa de sua mãe.
83. Ø intrigou-se com o crime.

Padrão $^{26}[\overline{N} \underline{} \overline{N\,Prep1\,Prep3}]^{26}$

Padrão sintático dos verbos transitivos que tomam complemento objetivo direto e dativo, bem como um complemento de natureza adverbial formado por preposição subordinativa.
Número total de ocorrências verificadas: não computado.

84. João me arranjou um carro para eu sair da cidade.
85. Esse cara arrumou uma audiência para minha mulher na Câmara Municipal.

Padrão $^{27}[\overline{N} \underline{} \overline{X}_{[+A]} \overline{Prep1}]^{27}$

Padrão sintático dos verbos que tomam um complemento de natureza adjetiva ou adverbial e são acompanhados por um complemento dativo.
Número total de ocorrências verificadas: não computado.

86. Isso não me parece correto.
87. Basta-me um pouco de sono durante a noite.

Padrão $^{28}[\overline{N} \underline{} \overline{N\,Prep2\,Prep3}]^{28}$

Padrão sintático dos verbos que tomam complementos objetivos diretos e indiretos, admitindo, ainda, um complemento de natureza adverbial.
Número total de ocorrências verificadas: não computado.

88. Essa fita-cola tá prendendo a borboleta à árvore no cenário 1.
89. Bóris adicionou éter à mistura com uma pipeta.

Padrão $^{29}[\overline{N} \underline{} \overline{N\,Prep2\,Prep2\,Prep3}]^{29}$

Padrão sintático dos verbos transitivos que tomam objeto direto, dois complementos indiretos não dativos e, ainda, um complemento de natureza adverbial.
Número total de ocorrências verificadas: não computado.

90. Dr. Pedro uniu o pedaço do osso amputado ao outro pedaço, na base do fêmur, com dezoito pinos metálicos.

Padrão ³⁰[N̄ __ Prep3 Prep3]³⁰
Padrão sintático dos verbos que tomam dois complementos de natureza adverbial, normalmente associados a deslocamentos no espaço ou no tempo.
Número total de ocorrências verificadas: não computado.

91. Esse atleta pula daqui até lá.

Padrão ³¹[N̄ __ #seˣ{... S ...}]³¹
Padrão sintático dos verbos que tomam um complemento reflexivo e um oracional, normalmente encontrado no português coloquial.
Número total de ocorrências verificadas: não computado.

92. Finalmente Pedro lembrou-se que tinha que comprar aspargos.

Padrão ³²[N̄ __ N̄ˣ{... S ...}]³²
Padrão sintático dos verbos que tomam um complemento acusativo e um oracional, normalmente empregado no português coloquial.
Número total de ocorrências verificadas: não computado.

93. O soldado lembrou João que a guerra havia acabado.

Quadro 1 – *Frequência dos padrões sintáticos nos arquivos referentes a predicadores*

Faixa de frequência (conjunto de 3.700 verbos)	Padrões sintáticos	Nº verbos	%
mais de 50%	Padrão ⁸[N̄ __ N̄]⁸	2.079	57%
entre 20% e 50%	Padrão ¹⁹[N̄ __ Prep2]¹⁹	1.494	41%
	Padrão ⁴[N̄ __]⁴	1.472	40%
	Padrão ²⁴[N̄ __ #se₍ₚᵣₒₚ₎]²⁴	826	23%
	Padrão ²⁵[N̄ __ #se₍ₚᵣₒₚ₎ Prep2]²⁵	707	20%

(continua)

(Quadro 1 - continuação)

entre 1% e 19%	Padrão $^9[\overline{N}\_\_{}^{X}\{...S...\}]^9$	306	8%
	Padrão $^{10}[\overline{N}\_\_:S]^{10}$	111	3%
	Padrão $^{15}[\overline{N}\_\_\overline{N\,Prep1}]^{15}$	115	3%
	Padrão $^{20}[\overline{N}\_\_\overline{N\,Prep2}]^{20}$	42	1%
	Padrão $^{21}[\overline{N}\_\_\overline{N\,Prep2\,Prep2}]^{21}$	42	1%
menos de 1%	Padrão $^{13}[\overline{N}\_\_\overline{X}_{[+A]}]^{13}$	21	± 0,5%
	Padrão $^5[\_\_{}^{X}\{...S...\}]^5$	16	± 0,4%
	Padrão $^1[\_\_]^1$	15	± 0,4%
	Padrão $^7[\overline{N}\_\_\overline{Prep1}]^7$	12	± 0,4%
	Padrão $^{16}[\overline{N}\_\_\overline{Prep1}:S]^{16}$	7	± 0,1%
	Padrão $^{17}[\overline{N}\_\_\overline{Prep1}\,{}^{X}\{...S...\}]^{17}$	7	± 0,1%
	Padrão $^{18}[\overline{N}\_\_\overline{N}\,\overline{X}_{[+A]}]^{18}$	7	± 0,1%
	Padrão $^{22}[\overline{N}\_\_\overline{Prep3}]^{22}$	7	± 0,1%
	Padrão $^{23}[\overline{N}\_\_\overline{N\,Prep3}]^{23}$	6	± 0,1%
	Padrão $^6[{}^{X}\{...S...\}\_\_\overline{Prep1}]^6$	5	± 0,1%
	Padrão $^{14}[{}^{X}\{...S...\}\_\_\overline{X}_{[+A]}]^{14}$	4	± 0,1%
	Padrão $^2[\_\_\overline{N}]^2$	3	< 0,1%
	Padrão $^3[\_\_\overline{Prep2}]^3$	2	< 0,1%
	Padrão $^{11}[{}^{X}\{...S...\}\_\_\overline{N}]^{11}$	2	< 0,1%
	Padrão $^{12}[{}^{X}\{...S...\}\_\_\overline{N\,Prep1}]^{12}$	2	< 0,1%

(Quadro 1 – conclusão)

Faixa de frequência (conjunto de 3.700 verbos)	Padrões sintáticos	Nº verbos	%
	Padrão $^{26}[\overline{N}\ \_\_\ \overline{N\ Prep1\ Prep3}]^{26}$	Não computado	
	Padrão $^{27}[\overline{N}\ \_\_\ \overline{X}_{[+A]}\ \overline{Prep1}]^{27}$	Não computado	
	Padrão $^{28}[\overline{N}\ \_\_\ \overline{N\ Prep2\ Prep3}]^{28}$	Não computado	
	Padrão $^{29}[\overline{N}\ \_\_\ \overline{N\ Prep2\ Prep2\ Prep3}]^{29}$	Não computado	
	Padrão $^{30}[\overline{N}\ \_\_\ \overline{Prep3\ Prep3}]^{30}$	Não computado	
	Padrão $^{31}[\overline{N}\ \_\_\ \overline{\#se\ ^{X}\{...\ S\ ...\}}]^{31}$	Não computado	
	Padrão $^{32}[\overline{N}\ \_\_\ \ ^{X}\{...\ S\ ...\}]^{32}$	Não computado	

O Quadro 1 apresenta-nos alguns dados bastante interessantes acerca do esquema de complementos verbais do português. Primeiramente, ressalta-se a confirmação de que o português é uma língua de padrão [NOM [X]$_v$ ACU], atestada através do percentual de 57% de ocorrências do Padrão 8, seguindo-se o Padrão 19, no qual o acusativo é substituído por um complemento com caso controlado por Prep2, que substitui o acusativo por estruturas originariamente regidas pelo genitivo ou pelo ablativo, em sua maioria. Esse fato, que se repete também nos Padrões 24 (dos verbos reflexivos) e 25 (dos verbos reflexivos que tomam um complemento introduzido por Prep2), assinala uma tendência do falante do português quanto a priorizar um esquema predicacional que alinha a sequência constituída por [TÓPICO] + [PREDICADOR] + [COMENTÁRIO][10].

Surpreende, todavia, o alto percentual de ocorrências do Padrão 4 (dos verbos ditos intransitivos), considerando-se que, em geral, esses verbos têm sido tratados como extraordinários na literatura especializada (cf. Brito, 1986). Do ponto de vista representacional, a posição do Padrão 4 no Quadro 1 contraria a tendência de priorizar o esquema predicacional constituído por [TÓPICO] + [PREDICADOR] + [COMENTÁRIO].

Outras línguas românicas, como o espanhol, apresentam tendência a evitar o emprego do Padrão 4, substituindo-o pelo Padrão 24 (dos verbos reflexivos), conseguindo, assim, retomar a sequência preferencial[11].

94. O garoto caiu.
(Português – Padrão 4)

94a. El chico se quedó.
(Espanhol – Padrão 24)

Apesar da alta frequência do Padrão 4 em língua portuguesa, não se deve considerar esse fenômeno como índice de que haja um padrão desviante no modelo de esquema predicacional priorizado pelos falantes, tomando-se por base apenas os aspectos decorrentes dessa abordagem sintática, isolada de outros componentes interferentes na forma da língua. Mais adiante, apresentam-se outros fatores de natureza não sintática que explicam as ocorrências de verbos em estruturas formadas com o Padrão 4, sem contrariar as tendências representacionais gerais dos falantes.

Outro dado a ressaltar no Quadro 1 é o razoável número de padrões sintáticos nos quais não se preenche a entrada gramatical do sujeito (Padrões 1, 2, 3 e 5), resultantes, em sua maioria, de variações na seleção de termos da transitividade de certos verbos. Não existem formas verbais que se empreguem exclusivamente com esses padrões sintáticos. Nem mesmo as formas incoativas (verbos que expressam fenômenos da natureza) excluem a possibilidade de serem empregadas em sentenças constituídas no Padrão 8, tal como em:

95. Choveu canivete.
96. Amanheceu um dia lindo hoje.

Não existem, todavia, argumentos estritamente sintáticos que possam explicar o motivo pelo qual certos verbos possam prescindir do sujeito gramatical. De forma similar, fica sem explicação, até o momento, o motivo pelo qual um número considerável de formas verbais admitam, ou mesmo exijam, por complemento uma oração ou estrutura infinitiva (conforme previsto nos Padrões 5, 6, 9, 10, 11, 12, 14 e 17).

2.2
Padrões sintáticos reduzidos

Os padrões sintáticos apresentados no Quadro 1 podem ser esquematizados e reduzidos a partir de certos princípios de natureza estritamente sintática. Tal redução inspira-se no modo como se deriva o conceito denominado *arquifonema*, fartamente empregado na fonologia, sem, contudo, aludir a possíveis contextos em que ocorram anulamento de propriedades entre grupos de padrões sintáticos. Cada padrão constitui um ambiente singular, distinto e irredutível aos demais, do ponto de vista físico da sentença. A ideia de analisar a possibilidade de haver algum fator que permita a redução dos padrões a certos esquemas de propriedades comuns é motivada pelo tipo de aproveitamento que se deseja fazer desses padrões na subclassificação dos verbos. Desse ponto de vista, a redução de um conjunto de padrões a um esquema de propriedades sintáticas comuns pode vir a contribuir para que se identifiquem princípios que auxiliem a determinar com melhor precisão a maior, ou menor, afinidade entre subclasses de verbos, auxiliando, desse modo, a estabelecer graus de proximidade entre os diversos modelos de predicadores.

A fim de me manter coerente com o critério em que vim me apoiando para definir os padrões, adotarei critérios de natureza estritamente sintática para efetuar a redução. Para fazê-lo, recorro a dois parâmetros de uso corrente na descrição linguística: (i) o número de entradas gramaticais exigidas pelos predicadores; (ii) o esquema de impressão de caso gramatical na sentença.

O número de entradas gramaticais tem sido utilizado com certa habitualidade por vários linguistas, especialmente entre os seguidores das primeiras versões do funcionalismo, entre as décadas de 1960 e 1970. Dada a sua simplicidade, esse tipo de critério tem grande apelo, particularmente nos estudos destinados a oferecer suporte ao ensino tradicional de gramática na escola básica. Em geral, esse tipo de abordagem distribui os verbos em categorias que variam conforme o número de espaços preenchidos na sentença por força de parâmetros definidos pela transitividade verbal. Tendo em vista a origem ainda fortemente influenciada pelo estruturalismo linguístico, a definição de categorias verbais, segundo o número de espaços, costuma considerar apenas o conceito tradicional de transitividade, incluindo, assim, somente as entradas gramaticais consideradas não assessórias na tradição gramatical, a saber: sujeito, objeto direto, objeto indireto e predicativo. Assim, os seguintes verbos seriam distinguidos entre si: (i) /chover/: verbo de espaço zero, assim considerado por prescindir de qualquer espaço, inclusive o sujeito; ii) /cair/: verbo de um espaço, assim considerado por demandar uma única entrada gramatical, a do sujeito; (iii) /gostar/, /adorar/ e /ser/: verbos de dois espaços, assim considerados por demandarem uma entrada gramatical referente ao sujeito e outra referente ao objeto direto, ao objeto indireto ou ao predicativo, sem distinção; (iv) /dar/: verbo de três espaços, assim considerado por permitir o uso de três entradas gramaticais, respectivamente, um sujeito, um objeto direto e um objeto indireto dativo. Ficariam sem possibilidade de classificação com esse tipo de critério, por exemplo, verbos de 4 espaços (como /transferir/ → {X} transferir {Y} {de posição Z} {para posição A}), cujos complementos circunstanciais não se aplicam à noção de entradas gramaticais não acessórias arrolada na tradição gramatical.

Esse tipo de abordagem – que restringe o esquema de espaços possíveis nas línguas naturais a no máximo quatro (espaço ∅, um espaço, dois espaços e três espaços), correspondentes a cada uma das funções sintáticas ditas *essenciais* ou *integrantes* – costuma ser aproveitado de forma diferente em trabalhos que, desde o século passado, revisitam a possibilidade de se categorizar o verbo a partir desse critério estritamente distribucional. A motivação primeira para as mudanças que se vieram a propor foi justamente o caso de verbos como /transferir/, com base nas orientações gerais do próprio modelo funcionalista vinculado ainda ao estruturalismo e em inúmeros estudos contrários à exclusão dos advérbios e das estruturas marcadas com o caso ablativo (ditas locuções adverbiais) do conjunto de formas capazes de satisfazer a transitividade verbal. A partir daí, seria regularizada a situação de todos os verbos de movimento no corpo da gramática, tornando-se possível classificar seus complementos, sempre advérbios de lugar ou expressões semanticamente equivalentes àqueles, como parte integrante de sua transitividade, com função, portanto, de complemento. Com isso, passam a figurar na categoria dos verbos com dois espaços formas como /ir/ e /vir/, ambas caracterizadas por se distribuírem nas sentenças com duas entradas, uma referente ao sujeito e outra, a uma expressão de natureza adverbial introduzida por Prep3.

Uma consequência imediata disso para o conjunto de categorias que estamos empregando neste momento é a criação de duas outras categorias de verbos: a dos verbos de quatro espaços, incluindo formas como /transferir/ e /deslocar/. A transitividade dessas formas demanda o sujeito, o objeto direto e dois complementos adverbiais, um primeiro de origem e outro, de destino, sendo os dois introduzidas por Prep2, na medida em que sua seleção é determinada pela regência verbal, tal como no caso de verbos como *gostar de*; e a dos verbos de cinco espaços, como *unir*, que admitem dois complementos introduzidos por Prep2 e um outro introduzido por Prep3.

O efeito descritivo desse tipo de categorização restrita exclusivamente ao número de entradas preenchidas na sentença é ainda muito pouco elucidativo para o processo de subclassificação dos verbos, tendo em vista que certas categorias reuniriam padrões sintáticos que, até mesmo intuitivamente, não guardam nenhuma similaridade entre si. O Quadro 2, a seguir, demonstra isso bem:

Quadro 2 – Equivalências entre padrões sintáticos e teoria dos espaços

Categoria	Padrões equivalentes
Espaço ∅	Padrão ^{1}[___]^1
Um espaço	Padrão ^{2}[___ N]^2 / Padrão ^{3}[___ Prep2]^3 Padrão ^{4}[$\overline{\text{N}}$ ___]^4 / Padrão ^{5}[___ ^{X}{ ... S ... }]^5
Dois espaços	Padrão ^{8}[$\overline{\text{N}}$ ___ $\overline{\text{N}}$]^8 / Padrão ^{19}[$\overline{\text{N}}$ ___ $\overline{\text{Prep2}}$]^{19} Padrão ^{24}[$\overline{\text{N}}$ ___ #se$_{[\text{PROP}]}$]^{24} / Padrão ^{9}[$\overline{\text{N}}$ ___ ^{X}{ ... S ... }]^9 Padrão ^{10}[$\overline{\text{N}}$ ___ :S]^{10} / Padrão ^{13}[$\overline{\text{N}}$ ___ $\overline{\text{X}}_{[+A]}$]^{13} Padrão ^{7}[$\overline{\text{N}}$ ___ $\overline{\text{Prep1}}$]^7 / Padrão ^{19}[$\overline{\text{N}}$ ___ $\overline{\text{Prep2}}$]^{19} Padrão ^{22}[$\overline{\text{N}}$ ___ $\overline{\text{Prep3}}$]^{22} / Padrão ^{6}[^{X}{ ... S ... } ___ $\overline{\text{Prep1}}$]^6 Padrão ^{14}[^{X}{ ... S ... } ___ $\overline{\text{X}}_{[+A]}$]^{14} / Padrão ^{11}[^{X}{ ... S ... } ___]$\overline{\text{N}}$]^{11}

(continua)

(Quadro 2 - conclusão)

Três espaços	Padrão $^{25}[\overline{N \_\_ \#se_{[PROP]} \overline{Prep2}}]^{25}$ / Padrão $^{15}[\overline{N \_\_ \overline{N\,Prep1}}]^{15}$
	Padrão $^{20}[\overline{N \_\_ \overline{N\,Prep2}}]^{20}$ / Padrão $^{16}[\overline{N \_\_ \overline{Prep1:S}}]^{16}$
	Padrão $^{17}[\overline{N \_\_ \overline{Prep1}}\,^{X}\{\ldots S \ldots\}]^{17}$ / Padrão $^{18}[\overline{N \_\_ \overline{N\,X_{[+A]}}}]^{18}$
	Padrão $^{23}[\overline{N \_\_ \overline{N\,Prep3}}]^{23}$ / Padrão $^{12}[^{X}\{\ldots S \ldots\}\{\ldots S \ldots\} \_\_ \overline{N\,Prep1}]^{12}$
	Padrão $^{27}[\overline{N \_\_ \overline{X_{[+A]}\,Prep1}}]^{27}$ / Padrão $^{30}[\overline{N \_\_ \overline{Prep3\,Prep3}}]^{30}$
	Padrão $^{31}[\overline{N \_\_ \#se\,^{X}\{\ldots S \ldots\}}]^{31}$ / Padrão $^{32}[\overline{N \_\_ \overline{N}\,^{X}\{\ldots S \ldots\}}]^{32}$
Quatro espaços	Padrão $^{21}[\overline{N \_\_ \overline{N\,Prep2\,Prep2}}]^{21}$
	Padrão $^{26}[\overline{N \_\_ \overline{N\,Prep1\,Prep3}}]^{26}$
	Padrão $^{28}[\overline{N \_\_ \overline{N\,Prep2\,Prep3}}]^{28}$
Cinco espaços	Padrão $^{29}[\overline{N \_\_ \overline{N\,Prep2\,Prep2\,Prep3}}]^{29}$

A fim de que se possa fazer uso dessa categorização de verbos, fundamentada no número de espaços demandados por sua transitividade, é necessário conjugar-lhe algum fator – de natureza igualmente sintática – capaz de restringir o número de semelhanças indesejáveis entre os padrões sintáticos apresentados, no Quadro 2, nas categorias de dois, três e quatro espaços. Tal fator – anteriormente anunciado – é a noção de caso gramatical. Este é uma propriedade lógico-funcional das sentenças, não devendo, portanto, ser associado diretamente a uma ou outra entradas gramaticais, e sim a propriedades de outra ordem, relacionadas ao plano da representação do discurso. Todavia, no contexto estritamente sintático a que nos restringimos até o momento, a única alternativa possível para se tratar do caso gramatical é resgatarmos a possibilidade de associar a cada entrada gramatical um ou mais casos gramaticais, segundo certas propriedades assim definidas:

i. apenas palavras podem receber caso gramatical, excluindo-se, assim, sentenças, plenas ou complementizadas por /-r/, /-ndo/ ou /-d-/;
ii. a primeira entrada gramatical – regida pela lógica do discurso, e não pelo predicado –, correspondente ao sujeito, é marcada pelo caso nominativo (NOM), independentemente do valor semântico exercido pelo objeto expresso;

iii. a segunda entrada gramatical, quando regida pelo verbo, imprime o caso acusativo (ACU) ao substantivo, exceto quando o próprio verbo determine outro caso, por meio de uma Prep2[12], mesmo que com efeito semântico adverbial;

iv. a segunda entrada gramatical, quando não regida pelo verbo, imprime o caso nominativo ao substantivo (no caso, em função de predicativo);

v. a terceira entrada gramatical, quando regida pelo verbo, imprime ao substantivo o caso dativo (DAT) (objeto indireto plenamente constituído);

vi. se a segunda, terceira ou quarta entradas gramaticais, regidas pelo próprio verbo, forem marcadas com o traço [+ MOVIMENTO] e não estiverem sob o controle de regência verbal, então imprimirão ao substantivo o caso ablativo (ABL), expresso em português por um advérbio de lugar ou expressão introduzida por Prep3;

vii. ainda no que tange ao emprego dos casos, observa-se a possibilidade de o falante buscar regularizar situações extraordinárias na forma da sentença, através do emprego de formas naturalmente suplentes; trata-se do caso de orações sem sujeito, às quais o falante tende a acrescentar uma entrada com o caso nominativo – como, por exemplo, no caso do Padrão ²[__]N]², do Padrão ³[__ Prep2]³ e do Padrão ⁵[__ ˣ{ ... S ... }]⁵, que passam a figurar com um "pseudossujeito" – igualmente no caso do Padrão 1[__]1, em que o falante tende, não raramente, a imprimir uma entrada à frente do verbo com o caso nominativo, ou uma entrada após o verbo, com o caso acusativo.

Confrontando-se, então, o princípio das categorias definidas a partir de espaços, a noção de caso gramatical, as respectivas propriedades relacionadas a esses dois fatores e, ainda, a possibilidade de regularização de padrões geradores de sentenças extraordinárias, pode-se depurar o Quadro 2 e verificar se é possível reduzir os 29 padrões sintáticos. Espera-se dessa redução identificar padrões sintaticamente equivalentes, ainda que fisicamente diversos entre si. O resultado do confronto proposto pode ser apreciado no Quadro 3, a seguir:

Quadro 3 – Padrões reduzidos

Categoria	Padrões reduzidos por equivalência	Padrões correspondentes
Espaço ∅	A[__]A	$^1[\underline{\quad}]^1$
Um espaço	B[NOMINATIVO __]B	$^4[\overline{N\ \underline{\quad}}]^4$
Um espaço	C[__ ACUSATIVO]C	$^2[\underline{\quad}\overline{N}]^2$ $^3[\underline{\quad}\overline{Prep2}]^3$
Um espaço	D[__ X{ ... S ...}]D	$^5[\underline{\quad}{}^X\{...S...\}]^5$
Dois espaços	E[NOMINATIVO __ ACUSATIVO]E	$^8[\overline{N\ \underline{\quad}\ N}]^8$ $^{19}[\overline{N\ \underline{\quad}\ Prep2}]^{19}$ $^{24}[\overline{N\ \underline{\quad}\ \#se_{[PROP]}}]^{24}$
Dois espaços	F[NOMINATIVO __ X{...S...}{...S...}]F	$^9[\overline{N\ \underline{\quad}}{}^X\{...S...\}\{...S...\}]^9$ $^{10}[\overline{N\ \underline{\quad}\ :S}]^{10}$
Dois espaços	G[NOMINATIVO __ NOMINATIVO]G	$^{13}[\overline{N\ \underline{\quad}\ \overline{X}_{[+A]}}]^{13}$
Dois espaços	H[NOMINATIVO __ DATIVO]H	$^7[\overline{N\ \underline{\quad}\ Prep1}]^7$
Dois espaços	I[NOMINATIVO __ ABLATIVO]I	$^{22}[\overline{N\ \underline{\quad}\ Prep3}]^{22}$
Dois espaços	J[X{... S ...} __ DATIVO]J	$^6[{}^X\{...S...\}\underline{\quad}\overline{Prep1}]^6$
Dois espaços	K[X{... S ...} __ NOMINATIVO]K	$^{14}[{}^X\{...S...\}\{...S...\}\underline{\quad}\overline{X}_{[+A]}]^{14}$
Dois espaços	L[X{... S ...} __ ACUSATIVO]L	$^{11}[{}^X\{...S...\}\{...S...\}\underline{\quad}\overline{N}]^{11}$
Três espaços	M[NOMINATIVO __ ACUSATIVO ACUSATIVO]M	$^{20}[\overline{N\ \underline{\quad}\ N\ Prep2}]^{20}$ $^{25}[\overline{N\ \underline{\quad}\ \#se_{[PROP]}\ Prep2}]^{25}$ $^{31}[\overline{N\ \underline{\quad}\ \#se\ {}^X\{...S...\}}]^{31}$
Três espaços	N[NOMINATIVO __ NOMINATIVO DATIVO]N	$^{15}[\overline{N\ \underline{\quad}\ N\ Prep1}]^{15}$
Três espaços	O[NOMINATIVO __ DATIVO X{...S...}]O	$^{16}[\overline{N\ \underline{\quad}\ Prep1\ :S}]^{16}$ $^{17}[\overline{N\ \underline{\quad}\ Prep1}\ {}^X\{...S...\}]^{17}$

(continua)

(Quadro 3 – conclusão)

Categoria	Padrões reduzidos por equivalência	Padrões correspondentes
Três espaços	P[NOMINATIVO __ ACUSATIVO NOMINATIVO]P	$^{18}[\overline{N} \underline{\quad} \overline{N} \overline{X}_{[+A]}]^{18}$
Três espaços	Q[NOMINATIVO __ ACUSATIVO ABLATIVO]Q	$^{23}[\overline{N} \underline{\quad} \overline{N} \overline{Prep3}]^{23}$
Três espaços	R[X{... S ...} __ ACUSATIVO DATIVO] R	$^{12}[^{X}\{... S ...\} \underline{\quad} \overline{N} \overline{Prep1}]^{12}$
Três espaços	S[NOMINATIVO __ NOMINATIVO DATIVO]S	$^{27}[\overline{N} \underline{\quad} \overline{X}_{[+A]} \overline{Prep1}]^{27}$
Três espaços	S[NOMINATIVO __ ABLATIVO ABLATIVO]S	$^{30}[\overline{N} \underline{\quad} \overline{Prep3} \overline{Prep3}]^{30}$
Quatro espaços	T[NOMINATIVO __ ACUSATIVO ACUSATIVO ACUSATIVO]T	$^{21}[\overline{N} \underline{\quad} \overline{N} \overline{Prep2} \overline{Prep2}]^{21}$
Quatro espaços	U[NOMINATIVO __ ACUSATIVO DATIVO ABLATIVO]U	$^{26}[\overline{N} \underline{\quad} \overline{N} \overline{Prep1} \overline{Prep3}]^{26}$
Quatro espaços	V[NOMINATIVO __ ACUSATIVO ACUSATIVO ABLATIVO]V	$^{28}[\overline{N} \underline{\quad} \overline{N} \overline{Prep2} \overline{Prep3}]^{28}$
Cinco espaços[13]	W[NOMINATIVO __ ACUSATIVO ACUSATIVO ACUSATIVO ABLATIVO]W	$^{29}[\overline{N} \underline{\quad} \overline{N} \overline{Prep2} \overline{Prep2} \overline{Prep3}]^{29}$

2.3
Conclusões parciais

Excluindo-se, por ora, os problemas cuja explicação será tratada mais adiante, trabalhemos com a hipótese de que os 24 padrões sintáticos que figuram reduzidos em formas sintaticamente equivalentes no Quadro 3 tenham a propriedade de apresentar um critério satisfatório de subclassificação dos predicadores verbais da língua portuguesa, obtendo-se, a partir disso, 29 subclasses de verbos. Tal hipótese merece especial apreciação, tendo em vista que, não raramente, surgem propostas de subclassificação de palavras partindo de critérios estritamente sintáticos, como os que motivaram o levantamento dos padrões apresentados[14].

A apreciação da hipótese de que os 29 padrões sintáticos possam ser arrolados como marcadores de subclasses verbais deve tomar em consideração os seguintes parâmetros:

i. em primeiro lugar, os padrões sintáticos deverão refletir algum tipo de tendência universal, tendo em vista que as classes de palavras –

salvo raras exceções – são objeto da teoria da gramática, e não do sistema particular de línguas isoladas[15];

ii. em seguida, as classes determinadas pelos padrões sintáticos deverão bastar para definir conjuntos claramente delimitados de verbos; caso contrário, deixa de ter sentido considerá-las classes de palavras.

Já no que concerne ao primeiro critério de avaliação, observa-se que os padrões sintáticos não são potencialmente fortes o suficiente para sustentar a proposição de classes de palavras, porque são derivados de propriedades exclusivas do sistema gramatical da língua portuguesa. Em que pesem as possíveis coincidências ante as classes de verbos de outras línguas, os padrões sintáticos, sozinhos, não sustentam qualquer princípio universal capaz de justificar tais classes numa teoria geral da gramática das línguas naturais, deixando de satisfazer, consequentemente, o princípio de que as classes de palavras sejam universais.

A possibilidade de os padrões sintáticos definirem classes de verbos também não se sustenta mediante a aplicação do segundo critério de avaliação, pois o número de verbos que definitivamente só admitem ser empregados com base em um único dos padrões sintáticos aqui apresentados é extremamente baixo: aproximadamente 13 (± 0,4% – menos de 1% dos verbos considerados para análise), distribuídos conforme apresentado a seguir:

Padrão ⁴[$\overline{N}$ ___]⁴
três verbos – *existir*, *labutar* e *morrer*
Padrão ⁸[$\overline{N}$ ___ $\overline{N}$]⁸
quatro verbos – *idealizar*, *objetivar*, *tabelar* e *xerocar*
Padrão ¹⁹[$\overline{N}$ ___ $\overline{Prep2}$]¹⁹
sete verbos – *consistir*, *dissertar*, *coadjuvar*, *conviver*, *fadar*, *incorrer* e *inscrever*.

Todos os demais verbos admitem, pelos mais variados motivos, ser empregados com, no mínimo, dois padrões sintáticos, incluindo-se, até mesmo, os chamados *verbos intransitivos*, os quais podem vir acompanhados de seus sujeitos lógicos ou outros quaisquer:

97. Ontem, nevou zinco puro em Frankfurt.
98. Venho amanhã, nem que chova canivete.
99. João caiu em si e concordou com o povo.
100. Depois de um mês, os gatinhos nasceram verdadeiros tigres.

Há, também, verbos transitivos que podem ser usados como intransitivos:

101. Eu vou lavar o seu carro, mas não acostuma!

E há, ainda, verbos que admitem mais de dois espaços e podem ser usados com apenas um ou nenhum complemento, sendo esses verbos especialmente causativos:

102. [João] quebrou [o jarro] [com o martelo].
102a. [O jarro] quebrou [com o martelo].
102b. [O martelo] quebrou [o jarro].
102c. [O jarro] quebrou.
103. [Pedro] transferiu [sua conta-corrente] [daqui] [para a Agência UERJ].
103a. [Pedro] transferiu [sua conta] [para a Agência UERJ].
103b. [Pedro] transferiu [sua conta] [daqui].
103c. [Pedro] transferiu [sua conta].

O fato de a maioria dos verbos admitir ser empregada com mais de um padrão sintático sugere claramente, então, que a simples menção da existência de padrões sintáticos contribui muito pouco para o estudo das subclasses dos verbos. Empregando-se exclusivamente critérios sintáticos, a única afirmação segura que se pode fazer é a de que existem duas classes de verbos: (i) a classe dos verbos que só admitem um único padrão sintático e (ii) a classe dos verbos que admitem dois ou mais padrões sintáticos. Considerando-se que os verbos da classe (ii) somam aproximadamente 99,6% do total de verbos aqui analisados, essa classe é muito pouco interessante, tendo em vista sua abrangência ser praticamente absoluta.

Para os padrões sintáticos realmente contribuírem para que se chegue a subclasses de verbos interessantes para a teoria da gramática, é necessário utilizá-los em conjunto com outras informações, através das quais seja possível identificar algum tipo de fator que esclareça as condições sob as quais os diferentes padrões se distribuam entre os verbos do léxico.

ca.pí.tu.lo
três

Subclassificação dos verbos a partir da semântica

Os aspectos sintáticos, considerados no levantamento dos padrões com que tentamos definir classes de verbos anteriormente, encontram-se contidos no conjunto geral de traços classificatórios de palavras, estando, portanto, sujeitos aos mesmos princípios de hierarquização de traços empregados na análise de classes de palavras apresentada no Volume 1[16]. A posição dos traços sintáticos na hierarquia geral de traços torna-se relevante neste momento para poder decidir adequadamente que tipo de informações escolher para superar os problemas encontrados na tentativa de subclassificar o verbo a partir de critérios exclusivamente sintáticos.

Na hierarquia de traços classificatórios, os traços sintáticos situam-se na terceira posição, tendo, a seguir, os traços morfológicos e, anteriormente, os traços nocionais e semânticos. Recorda-se, então, de que, na hierarquização dos traços, as posições mais altas correspondem aos traços mais gerais e universais. À medida que decresce a posição dos traços na escala de hierarquização, diminui seu grau de generalidade e aumenta sua relação com aspectos particulares dos sistemas de expressão em que são empregados. Partindo-se desse princípio, pode-se atestar o motivo pelo qual os padrões sintáticos não satisfazem as necessidades do processo de subclassificação dos verbos. No mesmo ponto de vista, os traços morfológicos dificilmente contribuiriam para solucionar os problemas anteriormente levantados, já que ocupam posição hierárquica inferior à dos traços sintáticos, sendo ainda mais dependentes de regras definidas no interior dos sistemas gramaticais particulares. Ademais, o controle sobre o emprego de traços morfológicos é regido por fatores de natureza histórico-fonológica, em nada se relacionando, portanto, aos fatores que possam condicionar, de fato, o uso de complementos em satisfação à transitividade verbal.

Restam para solucionar os problemas na subclassificação dos verbos apenas os traços nocionais e os semânticos, os quais ocupam, respectivamente, a primeira e a segunda posições na hierarquia de traços classificatórios. Os traços nocionais parecem, em princípio, ser uma alternativa atraente para solucionar o problema da subclassificação dos verbos, o que, entretanto, não procede. Apesar de serem os traços mais gerais e universais, não entram na questão da subclassificação dos verbos, uma vez que estão relacionados a aspectos da expressão que antecedem a opção por um ou outro sistema de expressão em particular, como, por exemplo, uma língua natural ou outro tipo de sistema de expressão. Os traços nocionais são responsáveis pelo estabelecimento de princípios que estruturam as unidades do pensamento e prescrevem as unidades possíveis dos sistemas de expressão. Trata-se, portanto, de algo muito mais abstrato e genérico do que classes de palavras ou quaisquer outras unidades que componham os sistemas de expressão. Do ponto de vista desses traços, os verbos, as subclasses de verbos e qualquer outra forma de expressão não verbal que satisfaça no discurso a função desempenhada pelos verbos serão invariavelmente marcados por um mesmo traço nocional: [+ PARTE SUBSTANTIVA DA OPERAÇÃO PREDICATIVA][17].

Por outro lado, os traços semânticos podem, ao mesmo tempo, ser empregados para subclassificar os verbos e apresentar argumentos interessantes para solucionar a questão do controle sobre o tipo de complemento a aplicar com os verbos segundo sua transitividade. Os traços semânticos são, além de hierarquicamente superiores aos sintáticos, diretamente relacionados à questão geral da lógica do discurso (independentemente dos sistemas de expressão adotados), o que tende a satisfazer a teoria da gramática numa perspectiva universal e abrangente.

Optando-se pelos traços semânticos, a primeira providência a tomar consiste em verificar se existem ou não traços que poderiam, de fato, subclassificar os verbos de maneira satisfatória. Já existe há bastante tempo alguma nomenclatura que expressa certa subclassificação dos verbos, segundo o tipo de predicação expressa. Trata-se, por exemplo, de especificações como verbos modais (empregados para expressar como o falante define o grau de verdade ou vontade relativas à proposição), verbos causativos (verbos que expressam uma atitude que traz consequências no estado geral de um objeto qualquer), verbos de movimento (que expressam deslocamentos temporais e espaciais), verbos de ligação (usados para ressaltar certa propriedade que concorre na configuração representacional de um objeto qualquer) etc. Não existe, porém, um levantamento exaustivo de todos os tipos possíveis de predicação que os verbos podem expressar, sendo este, portanto, um dos maiores impedimentos para que se possam estabelecer subclasses semânticas de verbos. Naturalmente, não se trata de definir o significado conceitual dos verbos, pois isso somente seria satisfeito quando se criasse uma classe para cada um dos itens verbais lexicalizados nas diversas línguas. Eis aí mais um problema: de que forma se pode equilibrar, por um lado, a demanda por um conjunto de classes de predicadores capaz de, genericamente, alcançar todos os verbos possíveis nas línguas naturais e, por outro lado, não gerar um conjunto tão extenso que comporte uma classe distinta para cada verbo.

Para contornar o problema, foram selecionados 300 verbos entre os constantes no *corpus* considerado neste trabalho, com base nos quais foi feito um levantamento dos tipos de predicações encontradas. Disso resultou um conjunto de 62 classes semânticas de verbos, ampliando, assim, as classes potenciais previstas na nomenclatura anteriormente existente. Entre essas 62 classes, algumas serão apresentadas como inadequadas, mas foram preservadas nessa primeira apresentação, que se encontra a seguir, a fim de relatar o rito procedimental adotado na pesquisa.

Certamente, as 62 classes apresentadas a seguir não esgotam as possibilidades de subclassificação dos verbos, considerando-se o fato de que um número absoluto de subclasses semânticas de verbos é virtualmente impossível, pois se confunde com o próprio léxico. Seguindo-se, todavia, os princípios do modelo de classificação apresentado no Volume 1 desta obra, o que se espera do levantamento das classes, aqui, é a apresentação de uma rotina procedimental, com base na qual se possam gerar subclasses de verbos em número e qualidade subordinados aos fins de aplicações específicas da teoria da gramática.

As subclasses levantadas estão dispostas em dois grandes grupos, que representam os dois tipos de predicação mais distintos entre si:

i. predicações existenciais: referentes à existência ou às propriedades dos objetos possíveis para a operação predicativa;

ii. predicações dinâmico-operativas: referentes às mais diversas operações, mentais ou referenciais, que relacionam os objetos entre si, consigo mesmos ou com sua situação no tempo ou no espaço.

As demais subclasses são divisões desses dois grandes grupos, constituindo tipos de predicação progressivamente mais específicos. Assim, por exemplo, uma subclasse como verbos que indicam ações gramaticais é uma especialização da subclasse verbos de expressão, que, por sua vez, é uma especialização da subclasse predicações dinâmico-operativas. As subclasses semânticas se organizam em torno de 10 grandes eixos temáticos, correspondentes aos seguintes domínios cognitivos[18]:

01. Predicações existenciais.
10. Domínio das operações existenciais.

02. Predicações dinâmico-operativas.
20. Domínio das operações propriamente ditas.
21. Domínio das operações biológico-afetivas.

22. Domínio das operações semiótico-verbais.
23. Domínio das operações causativas.
24. Domínio das operações deslocativas.
25. Domínio das operações sociais.
26. Domínio das operações estritamente mentais.
27. Domínio das operações indicadoras de ações qualificadas.
28. Domínio das operações indicadoras de duração.

A denominação dos eixos temáticos adotados na distribuição das classes semânticas como domínios cognitivos decorre, aqui, do fato de que tais classes foram pensadas de forma a refletirem operações predicativas, tendo, portanto, natureza epistemológica, e não gramatical. Algumas categorias cognitivas estão pressupostas nas diferentes classes. Tais categorias são:

i. identidade: relacionada à constituição ontológica das representações;
ii. formatividade: relacionada à constituição formal das representações;
iii. valor simbólico: relacionada às categorias da expressão;
iv. causatividade;
v. determinação social;
vi. feição psicológica;
vii. tempo e espaço.

Há entre as subclasses semânticas apresentadas a seguir uma hierarquização, expressa através dos algarismos que precedem suas designações, a qual revela tão somente o fato de que certas classes são mais especializadas do que outras. Quanto maior o número de algarismos, mais especializada é a classe. Não é possível afirmar, a esta altura, que tal hierarquização tenha de imediato qualquer relação com o tipo de precedência lógica que regula a hierarquização de traços classificatórios. Todavia, não é descartável a hipótese de que seja possível haver uma hierarquização lógica entre as diversas classes semânticas de verbos.

3.1
Subclasses semânticas

10. Domínio das operações existenciais
    100. Predicadores existenciais
        110. Especificadores existenciais
        1101. Qualificadores de existência social
    120. Operações existenciais
    1201. Operações de arranjo
    130. Operações analíticas simples
    131. Operações analíticas denominativas
    132. Operações atributivas externas
    133. Operações atributivas internas
20. Domínio das operações dinâmicas propriamente ditas
    200. Operações dinâmicas
        201. Operações tipicamente instrumentalizadas
        202. Manifestações não operativas
21. Domínio das operações biológico-afetivas
    210. Operações de percepção básica
    211. Atividades biológicas
    212. Operações causativas existenciais
    213. Atividades copulativas ou afetivas
    2131. Indicadores de empatia
    214. Estados modalizadores
    215. Estados hipotéticos
    2151. Estados hipotéticos qualificados
22. Domínio das operações semiótico-verbais
    220. Operadores de expressão
    2201. Ações gramaticais
    2202. Ações de encaixe textual
    221. Operações apelativas
    2211. Atos de espera
    222. Operações denunciativas
    223. Atividades semióticas primárias
    224. Atividades semióticas religiosas
23. Domínio das operações causativas
    230. Operações causativas típicas
        231. Operações de união

232. Estados implicativos
2321. Estados afetativos
24. Domínio das operações deslocativas
    240. Operações causadoras de movimento simples
        241. Operações causadoras de movimento composto
        2411. Operações de definição de pontos temporais
        2412. Operações de deslocamento temporal
        242. Definições estativas
        243. Operações persecutórias
        244. Atividades físico-esportivas
        245. Atos de roubo ou restituição
        246. Atos bloqueativos
        2461. Atos sustentativos
        2462. Especificativos de crença
25. Domínio das operações sociais
    250. Atividade social
        251. Atividades negociativas
        252. Atividades ofertativas
        253. Atividades disputativas
        2531. Atividades acautelativas
        2532. Atividades auxiliativas
        254. Operações persuasivas
        255. Formativos culturais
26. Domínio das operações estritamente mentais
    260. Operações assimilativas
        261. Operações recordativas
        262. Operações lógico-cognitivas
        2621. Atos conscienciativos
        263. Atos optativos
27. Domínio das operações indicadoras de ações qualificadas
    270. Atos avaliativos
        271. Atos decretativos
        272. Ações qualificadas I
        2721. Ações qualificadas II
        2722. Ações utilitativas
28. Domínio das operações indicadoras de duração
    280. Indicadores de duração

3.1.1
Operações existenciais

100 Verbos existenciais: predicadores que expressam a existência de um objeto real ou mental
Exemplos: *existir, haver, viver, fazer.*

    104. Esse tesouro não existe mesmo!
    105. Faz frio aqui em Curitiba.
    106. Há pessoas esperando na fila.
    107. O herdeiro do Rei vive.

110 Especificadores existenciais: predicadores que especificam uma ocorrência no estado existencial do objeto, podendo esta ser seu início, final ou mesmo uma interrupção momentânea.
Exemplos: *sobreviver, ressuscitar, nascer, morrer, desmaiar, acontecer, dar[#se].*

    108. As pessoas resistiram ao furacão e sobreviveram por milagre.
    109. Nos primeiros dias de luto, pensava poder ressuscitá-la.
    110. Aconteceu um terrível acidente ali em baixo.
    111. Deu-se uma tremenda confusão durante o jogo.

1101 Qualificadores de existência social: predicadores que qualificam a maneira como a existência (normalmente de uma pessoa) é socialmente avaliada.
Exemplos: *acontecer, brilhar, aparecer, resplandecer, abafar, afundar.*

    112. Quem é esperto acontece na noite.
    113. Maricota abafou na festa em seu vestido transparente.
    114. Esse cara afundou depois que apoiou o deputado corrupto.

120 Operações existenciais: predicadores que expressam ações através das quais é dada existência a objetos, ou, ainda, se restitui ou se corrompe sua forma ideal.
Exemplos: *criar, reformar, recondicionar, consertar, deformar, destruir.*

115. E Deus criou o céu e a terra.
116. Após a enchente, João Pedro reformou todo o seu carro.
117. O tempo destrói as obras de arte.

1201 Operações de arranjo: predicadores que expressam atos através dos quais se movem artifícios para que algo se torne tangível para alguém.
Exemplos: *ajeitar(#se), arranjar(#se), arrumar(#se)*.

118. Na delegacia, o delegado arranjou para que nada fosse feito.
119. Esse cara quer mais é se ajeitar na vida.

130 Operações analíticas simples: predicadores que expressam uma operação de análise de certo objeto em suas partes constitutivas, ressaltando uma delas.
Exemplos: *ser, estar, parecer, ir, andar, viver.*

120. Não sou egoísta.
121. Essa moça parece nervosa.
122. Meu curió vive resfriado.
123. O Seu Mariano anda meio caduco.

131 Operações analíticas denominativas: predicadores que expressam o ato de atribuir uma propriedade ou designação a um objeto qualquer.
Exemplos: *chamar, apelidar, denominar, considerar.*

124. Me chamaram de babaca.
125. As crianças o apelidaram de boi-gordo.
126. O cientista denominou a proteína como PHT-34x.

132 Operações atributivas externas: predicadores que expressam o ato de imprimir a um objeto qualquer certa propriedade que é perceptível, seja em sua constituição física, seja através de vestígios externos não propriamente agregados aos objetos.
Exemplos: *eleger, deixar, diminuir, abarrotar, abastecer, esvaziar, encher, adicionar, erguer, abaixar, comprimir.*

127. João foi eleito o prefeito da cidadela.
128. Esse porco deixou tudo sujo.

129. O padeiro abarrotou as prateleiras de pão.
130. Os consumidores abastecem suas dispensas.
131. Erga os braços.
132. Em seguida, adicione leite à mistura e leve ao fogo.

133 Operações atributivas internas: predicadores que expressam o ato de imprimir a um objeto animado ou um estado mental.
Exemplos: *aberrar, horrorizar, abismar, abrandar, acalmar, acostumar.*

133. Sua nudez aberrou toda a comunidade acadêmica nos anos vinte.
134. Estou abismado com sua perspicácia.
135. As doces palavras de Tia Malvina abrandaram os vizinhos.
136. Não conseguiu se acostumar ao barulho do trem.

3.1.2
Operações dinâmicas

200 Operações dinâmicas: predicadores que denotam a atitude de quem ou o que produz qualquer tipo de trabalho.
Exemplos: *fazer, realizar, executar.*

137. Este aparelho faz 300 picolés por minuto.
138. Já realizou suas tarefas hoje?
139. Execute suas ordens imediatamente, Cabo!

201 Operações tipicamente instrumentalizadas: predicadores que expressam ações que se realizam mediante aprendizado de técnica específica para manipular aparelhos ou instrumentos, bem como para fazer uso do próprio corpo ou da mente.
Exemplos: *operar, pilotar, datilografar, radiografar, cozinhar.*

140. Já datilografei metade do relatório.
141. Antes de mexer aqui, aprenda a operar com a máquina.
142. Ainda não piloto jatos.
143. Minha mãe cozinha muito bem.

202 **Manifestações não operativas:** predicadores que expressam a ocorrência de fenômenos da natureza cujo sujeito lógico é sintetizado na própria predicação.
Exemplos: *chover, nevar, gear, granizar, amanhecer, anoitecer, entardecer, escurecer.*

144. Chove à beça.
145. Amanheceu tarde hoje.
146. Nesta madrugada vai gear.

3.1.3
Operações biológicas e afetivas

210 Operações de percepção básica: predicadores que expressam atos praticados através do uso de um dos mecanismos apropriados da percepção sensorial.
Exemplos: *ver, ouvir, sentir, escutar, perceber, achar, encontrar, olhar.*

147. Olhai os lírios do campo.
148. Era possível escutar ao longe o passo da água no riacho.
149. A criança encontrou uma nota na calçada.
150. Gritou ao perceber uma barata subindo em sua perna.

211 Atividades biológicas: predicadores que expressam atos tipicamente relacionados à atividade existencial dos seres animados, sendo, portanto, biologicamente necessários à preservação da vida.
Exemplos: *comer, respirar, expirar, beber, tomar, dormir, vomitar, cagar, defecar, suar, mijar, urinar, metabolizar.*

151. Coma todos os legumes para ficar esperto.
152. Como suo muito, urino pouco.
153. Em caso de intoxicação, faça-o vomitar.
154. Esse cachorro cagou na varanda toda!

212 Operações causativas existenciais: predicadores que expressam atos que interferem no estado geral da vida ou no bem-estar biológico dos seres animados.

Exemplos: *matar, sufocar, abafar, abalar, abater, curar, alimentar, vitaminar, amamentar, açoitar, bater, debilitar, desnutrir.*

155. O médico salvou a vida da mulher que o marido quis matar.
156. Este colarinho me sufoca.
157. É preciso vitaminar estas plantas.
158. Não bata no menino, seu monstro!
159. O caçador abateu três micos-leões-dourados.

213 Atividades copulativas ou afetivas: predicadores que expressam atitudes relacionadas ao ato de reprodução das espécies vivas, bem como a demonstração de afeto.

Exemplos: *casar, acasalar, copular, foder, comer, masturbar, acalentar, acariciar, namorar, acariciar, alisar, beijar.*

160. João e Maria se casaram ontem.
161. Permita-me comê-la, senhora.
162. Esse garoto passa horas se masturbando no banheiro.
163. Ou você para de me alisar ou eu chamo a polícia.
164. As mães acalentam os filhos.

2131 Indicadores de empatia: predicadores que expressam e qualificam o tipo de relacionamento que dois objetos têm entre si.

Exemplos: *combinar, dar(#se), afinar(#se), entender(#se), casar.*

165. Estes dois aí se entendem às mil maravilhas.
166. Os vizinhos não se dão.
167. Essa blusa casa bem com calça jeans.

214 Estados modalizadores: predicadores que manifestam um estado mental que revela o modo como se encara um fato ou o grau de aceitação de um objeto qualquer.

Exemplos: *querer, dever, desejar, amar, almejar, tencionar, gostar, abominar, adorar, odiar, esperar.*

168. Eu quero que pare de chover logo.
169. Minha mulher adora pêssegos com amoras.

170. Esperamos que tudo dê certo.
171. Ela disse que me ama.
172. Agrada-me que você seja tão carinhosa.

215 Estados hipotéticos: predicadores que expressam hipóteses impessoais sobre a realidade.
Exemplos: *dever*.

173. Deve chover hoje.

2151 Estados hipotéticos qualificados: predicadores que expressam hipóteses qualificadas como pessoais sobre a realidade de algo.
Exemplos: *parecer, achar, crer, supor, imaginar*.

174. Parece que vai chover hoje.
175. Acho que vai chover hoje.
176. Imagino que você esteja satisfeito agora.

3.1.4
Operações semióticas e verbais

220 Operadores de expressão: predicadores que indicam atitudes que revelam estados mentais através do código verbal.
Exemplos: *escrever, falar, dizer, relatar, proferir, ministrar, ensinar, revelar, registrar*.

177. Alguém falou que ia sair antes de acabar.
178. O mestre disse que é errado esperar demais da gramática.
179. "Pedro Collor revela tudo!"
180. Pare de dizer bobagens.

2201 Ações gramaticais: predicadores que revelam ações de suporte, típicas do ato de codificação de ideias.
Exemplos: *acentuar, grifar, hifenizar, parentesar, paragrafar, sublinhar*.

181. Esta frase deve ser grifada.
182. Acentue as palavras, guri!
183. Que confusão! Paragrafe seu texto.

2202 Ações de encaixe textual: predicadores que relacionam ideias dentro de um texto verbal.
Exemplos: *acrescer, ocorrer, dar, ir.*

    184. Ocorre que nada do que foi dito é verdadeiro.
    185. Vai que, de repente, a água da chuva invade o plenário.

221 Operações apelativas: predicadores que expressam o ato de quem chama para si um objeto qualquer.
Exemplos: *chamar, apelar, aclamar.*

    186. Dudu chamou por seus colegas.
    187. O povo aclamou o Presidente.

2211 Atos de espera: predicadores que revelam a atitude de quem espera por algo que ainda está por se dar.
Exemplos: *esperar, aguardar.*

    188. E a noiva esperou pelo noivo durante oito horas.
    189. Quem quiser ter com o Papa, que aguarde aqui.

222 Operações denunciativas: predicadores que expressam atos de revelar ou preservar estados mentais relacionados a fatos proibidos de serem revelados.
Exemplos: *denunciar, delatar, dedurar, acobertar.*

    190. O irmão denunciou as falcatruas da família.
    191. A esposa acobertava todas as besteiras do marido.
    192. Se você me dedurar, vai tomar cascudo.

223 Atividades semióticas primárias: predicadores que expressam atos reveladores não verbais.
Exemplos: *cantar, palrar, mugir, dançar, tocar, latir.*

    193. Esse passarinho canta o dia inteiro.
    194. Minha namorada dança no teatro municipal.
    195. Desde pequeno, toca piano e viola de gamba.

224 Atividades semióticas religiosas: predicadores que revelam atitudes tipicamente relacionadas a ritos religiosos.

Exemplos: *rezar, orar, ladainhar, ungir, comungar, confessar*

196. Antes de dormir, reze por sua saúde.
197. O padre ungiu a testa do moribundo.
198. O pagão comunga só para comer a hóstia.
199. Na hora de sua morte, confessou-se ao arcebispo.

3.1.5
Operadores causativos

230 Operações causativas típicas: predicadores que expressam atos que desencadeiam relações de causalidade entre, no mínimo, dois objetos.

Exemplos: *quebrar, pintar, levantar, deformar, limpar, revolver, abrir, fechar, partir, trincar, furar, enriquecer.*

200. João quebrou a televisão.
201. O carro levantou poeira.
202. O ruído trincou o copo.
203. Levi enriqueceu sua secretária com tantas joias caras.

231 Operações de união: predicadores que expressam atos que unem dois objetos em um só ou desunem um objeto em dois.

Exemplos: *unir, rasgar, juntar, separar, romper, reunir, picar, picotar, fatiar, colar, cortar.*

204. Deve-se unir as duas pontas da corda.
205. Quem rasgou este papel?
206. Agora vou ter que colar todos os pedaços.
207. É hora de partir o bolo.

232 Estados implicativos: predicadores que ressaltam a causalidade entre dois fatos ou objetos.

Exemplos: *acarretar, implicar, resultar.*

208. As chuvas consecutivas resultaram em desabamentos.
209. Muita chuva implica, normalmente, cólera e leptospirose.

2321 Estados afetativos: predicadores que ressaltam as consequências de um fato sobre outro fato ou objeto.
Exemplos: *afetar, comprometer, abalar.*

210. O clima afeta as plantações.
211. As flutuações de câmbio comprometem o comércio externo.
212. Sua doença abalou toda a família.

3.1.6
Operações de deslocamento

240 Operações causadoras de movimento simples: predicadores que expressam atos de deslocamentos espaciais que colocam em relevo o percurso ou o fato de o deslocamento, em si, ter ocorrido como objeto.
Exemplos: *sair, ir, chegar, voltar, descer, viajar, virar.*

213. João saiu.
214. Pedro e Maria viajaram para a Europa.
215. O caminhão desceu a rua e virou na esquina.

241 Operações causadoras de movimento composto: predicadores que expressam atos de deslocamentos espaciais que colocam em relevo o ponto de chegada, o ponto de partida, ambos ou ainda o causador do movimento.
Exemplos: *posicionar, colocar, transferir, aboletar(#se), enfiar, jogar, empurrar.*

216. O jóquei posicionou o cavalo na linha de partida.
217. Esse mendigo aboletou-se na porta do meu prédio.
218. Você enfia as roupas na gaveta sem o menor cuidado.
219. Alguém empurrou o ancião na estação.

2411 Operação de definição de pontos temporais: **predicadores que expressam a definição de um ponto delimitado no tempo.**
Exemplos: *marcar, datar, escalonar.*

220. A festa foi marcada para segunda-feira.
221. Você já datou o processo?
222. Para que horas escalonaram seu voo?

2412 Operações de deslocamento temporal: **predicadores que expressam deslocamentos no tempo.**
Exemplos: *adiar, atrasar, adiantar.*

223. A festa foi adiada para amanhã.
224. Esse problema com o passaporte sempre atrasa os voos.

242 Definições estativas: **predicadores que delimitam um estado no espaço referente a determinado objeto.**
Exemplos: *acampar, morar, viver, habitar, estar.*

225. Ana mora aqui.
226. Sérgio já está lá.
227. Os cariocas habitam o Rio de Janeiro.
228. Os paulistas vivem em São Paulo, mas na Capital vivem os paulistanos.

243 Operações persecutórias: **predicadores que expressam atos persecutórios.**
Exemplos: *acompanhar, seguir, perseguir.*

229. Acompanhe-me, por favor.
230. O detetive perseguiu o suspeito por toda a cidade.
231. Siga aquele táxi!

244 Atividades físico-desportivas: **predicadores que expressam atividades físicas dos seres animados.**
Exemplos: *pular, correr, nadar, saltar, voar, andar, caminhar, trotar, cavalgar.*

232. Crianças pequenas correm o dia inteiro.
233. Os pássaros voam com precisão invejável.
234. Os gatos pulam muito melhor do que o tal americano.
235. Os homens sabem nadar, mas não como os próprios peixes.

245 Atos de roubo ou restituição: predicadores que expressam atos de deslocamento de objetos relacionados diretamente à noção de posse.
Exemplos: *roubar, furtar, larapiar, afanar, devolver, restituir, levar, apanhar, abandonar, catar, agarrar*.

236. Alguém roubou meu estojo.
237. O dono empobrecido abandonou seu cão na rua.
238. A criança catou todas as conchas da praia.

246 Atos bloqueativos: predicadores que expressam atos que bloqueiam ou restituem o movimento natural de um objeto.
Exemplos: *prender, soltar, aprisionar, amarrar, acorrentar, livrar, libertar*.

239. Prende o cachorro no canil.
240. O marinheiro soltou as amarras da embarcação e partiu.
241. Para demonstrar afeto, acorrentava a mulher no pé da cama.
242. Aí, veio o policial e libertou a gente.

2461 Atos sustentativos: predicadores que expressam o potencial de um objeto conter o peso de outro objeto num ponto determinado no espaço.
Exemplos: *aguentar, sustentar, suportar*.

243. Se você não aguenta comigo, não me ponha no colo.
244. Este armário não suporta muitas caixas dessas.
245. Um prego tão pequeno não sustenta esse quadro enorme.

2462 Especificativos de crença: predicadores que expressam a opção de um ser humano por uma alternativa qualquer, através da qual se estabelece uma conduta para solucionar questões.
Exemplos: *agarrar(#se), ater(#se), prender(#se), pautar(#se), basear(#se)*.

246. As beatas agarram-se desesperadamente às imagens sacras.

247. Por favor, atenha-se ao disposto no art. 9º.
248. Este homem prendeu-se à tese de que o mundo vai acabar logo.

3.1.7
Operações de natureza social

250 Atividade social: predicadores que expressam atividades comemorativas de cunho social.

Exemplos: *comemorar, festejar, velar, confraternizar, jogar, bebericar.*

249. E, no final do dia, saíram para bebericar, atividade que faziam juntos desde 1965.
250. Hoje, vamos festejar seu aniversário.
251. Os amigos reunidos velavam o corpo de Zezé.

251 Atividades negociativas: predicadores que expressam ou qualificam acordos sociais para definir a propriedade sobre um objeto.

Exemplos: *comprar, dever, vender, adquirir, negociar, leiloar, trocar, substituir, alugar, contratar.*

252. O diretor comprou o equipamento novo para o Hospital.
253. Amanhã cedo vão leiloar a empresa de siderurgia.
254. As crianças trocaram suas bolas de gude entre si.

252 Atividades ofertativas: predicadores que expressam a intenção de um ser humano de transferir a posse sobre objetos que lhe pertençam ou de recebê-los em transferência.

Exemplos: *dar, receber, aceitar, doar, emprestar.*

255. Quero dar estes brinquedos velhos para crianças mais pobres que eu.
256. Bem, se é grátis, eu recebo de bom grado.
257. Aí... dá pra me emprestar o corretor?

253 Atividades disputativas: predicadores que expressam o empenho ou o resultado de uma disputa por um objeto, seja por tratar-se de objeto de difícil obtenção, seja por haver mais de um indivíduo interessado em sua posse.

Exemplos: *vencer, perder, disputar, lutar, driblar, pelejar.*

258. Após uma dura disputa, a empresa venceu a licitação.
259. Quando ganhou a medalha de ouro, o atleta chorou de alegria.
260. Perdeu a causa, mas conseguiu driblar as represálias.

2531 Atividades acautelativas: predicadores que expressam o empenho de um indivíduo para se resguardar de possíveis males oriundos de outros indivíduos, objetos, fatos ou atitudes.
Exemplos: *precaver(#se), acautelar(#se), esquivar(#se).*

261. Tome vitamina C para se precaver contra exaustão.
262. Os jovens devem se esquivar das drogas o quanto antes.

2532 Atividades auxiliativas: predicadores que expressam a capacidade ou desejo de um objeto de auxiliar outro objeto a recuperar seu estado ideal, realizar uma atividade ou obter outro objeto almejado.
Exemplos: *ajudar, auxiliar, alentar, consolar, apoiar.*

263. A empresa me ajudou a crescer profissionalmente.
264. Todos queriam consolar a viúva e fazê-la feliz de novo.
265. Devemos apoiar o governo em suas realizações sociais.

254 Operações persuasivas: predicadores que expressam atitudes que visam instaurar um desejo em seres animados, ou a fazer-lhes crer numa intenção verdadeira ou falsa.
Exemplos: *persuadir, convencer, iludir, enganar, lograr.*

266. O mentiroso convenceu a todos de que era inocente.
267. A mídia persuadiu os consumidores a adquirir o disco novo da cantora de Salvador.
268. Ele me enganou: disse que vinha e não veio.

255 Formativos culturais: predicadores que expressam processos especificadores de aprendizagem.
Exemplos: *ensinar, instruir, graduar, formar, bacharelar, acompanhar, incutir, adestrar.*

269. Eu ensino aos alunos a língua portuguesa.

270. Este homem adestra cães farejadores de drogas.
271. Célia se graduou em Medicina.
272. O professor deve acompanhar seus alunos a toda hora.

3.1.8
Operações mentais

260 Operações assimilativas: predicadores que expressam mecanismos internos que resultam na aprendizagem.
Exemplos: *aprender, assimilar, incorporar.*

273. Lendo os jornais, a criança aprendeu muitas coisas.
374. Você já incorporou os novos conteúdos de química?
275. É difícil assimilar essa coisa que ele ensina.

261 Operações recordativas: predicadores que expressam atividades de chamamento ou perda de ideias ou conceitos já armazenados na memória.
Exemplos: *recordar, rememorar, relembrar, lembrar, aclarar, esquecer, fugir.*

276. Fugiu-me o nome desse médico.
277. Laís lembrou de sua infância na Iugoslávia.

262 Operações lógico-cognitivas: predicadores que expressam atividades decorrentes da capacidade humana de produzir conhecimento.
Exemplos: *classificar, analisar, achar, estudar, supor, corrigir, suspeitar, somar, multiplicar, descrever, sintetizar, resumir, concluir, julgar.*

278. É necessário classificar os termos gerundivos.
279. Multiplique três por dois.
280. O relator sintetizou o parecer da curadoria.
281. No momento, o departamento estuda os efeitos da chuva.
282. Renê suspeita de que Ana o trai com Raí.

2621 Atos conscienciativos: predicadores que expressam o ato de estabelecer um conceito qualificativo acerca de um fato.
Exemplos: *conscientizar, acordar.*

283. A Secretaria de Saúde deseja conscientizar o povo dos riscos do cólera.
284. Logo, ele acorda para a realidade.

263 Atos optativos: predicadores que expressam tomadas de posição acerca de um fato.
Exemplos: *optar, votar, decidir, acatar, concordar.*

285. O povo optou pela monarquia.
286. O que você decidiu sobre o caso das velhinhas desnutridas?
287. Vamos acatar a decisão do tribunal.

3.1.9
Operações de ações qualificadas
270 Atos avaliativos: predicadores que expressam julgamentos de valor.
Exemplos: *acertar, errar.*

288. Os alunos não acertaram esta questão.
289. Bóris errou tudo na hora do jornal.

271 Atos decretativos: predicadores que expressam atividades verbais que têm valor jurídico, institucional ou cerimonioso.
Exemplos: *abençoar, abonar, avaliar, sentenciar, proibir, abolir, proclamar, decretar.*

290. O pai abençoou o filho.
291. Nosso coordenador não abonou as faltas desse aluno.
292. O Prefeito decretou feriado municipal.
293. Eu o sentenciei a trinta e três anos de prisão.

272 Ações qualificadas I: predicadores que qualificam o uso que se faz de certos objetos.
Exemplos: *abusar, desperdiçar, economizar, gastar, reter.*

294. Não abuse da menina, meu filho.
295. Essa torneira pingando desperdiça muita água.

296. O pão duro economiza demais o seu dinheiro.

2721 Ações qualificadas II: **predicadores que qualificam a relação social entre dois seres animados.**
Exemplos: *humilhar, achacar, desfazer.*

297. O subemprego humilha o cidadão.
298. Esse sujeito desfaz dos mais necessitados.

2722 Ações utilitativas: **predicadores que expressam o emprego de objetos**
Exemplos: *usar, utilizar, empregar, adotar.*

299. Para cortar o pão, vou usar uma faca serrilhada.
300. O médico adotou uma conduta clínica pouco ortodoxa.

3.1.10
Operações indicadoras de duração

280 Indicadores de duração: **predicadores que expressam o fato de ter se iniciado ou concluído um objeto ou fato.**
Exemplos: *iniciar, acabar, finalizar, começar.*

301. O show já se iniciou.
302. Devo finalizar o trabalho.

3.2
Aspectos semânticos: conclusões parciais

Uma medida a ser tomada inicialmente para avaliar a pertinência das subclasses semânticas de predicadores apresentadas consiste em sua confrontação com os padrões sintáticos previamente levantados. Com essa medida, pretende-se assegurar que as subclasses semânticas possam ser, de pronto, absorvidas pela teoria da gramática, sem o custo de investigações sobre novos modelos de projeção sintática. Não se deseja com isso, todavia, reduzir o potencial descritivo das subclasses semânticas aos domínios estritamente sintáticos previamente adotados na descrição gramatical, mas sim determinar que possam ser aproveitadas em conjunto com os demais recursos descritivos já disponíveis, assim se mantendo coerência com o princípio de que as categorias de propriedades gramaticais sejam intercomplementares, ainda que respeitadas as suas devidas posições hierárquicas. Espera-se, desse modo, que o confronto entre subclasses semânticas e padrões sintáticos possa refletir algum tipo de princípio com o qual seja possível apurar a capacidade da teoria gramatical para interpretar e projetar sentenças em sistemas complexos como o código oral.

Tendo em vista o objetivo de se estabelecer a conjunção de propriedades sintáticas e semânticas – respectivamente, subjacentes aos padrões sintáticos e às subclasses semânticas –, poderão ser consideradas satisfatórias para a teoria da gramática as subclasses semânticas cujos predicadores se associem a um certo conjunto claramente delineado de padrões sintáticos. Observa-se que, sendo as subclasses capazes de refletir alguma predisposição de certo tipo de verbos quanto a se manifestarem em sentenças com determinados tipos de padrões sintáticos, estaremos um passo à frente na solução do problema anteriormente levantado quanto à multiplicidade de padrões sintáticos que uma mesma forma verbal pode apresentar.

O Quadro 4 confronta as seguintes informações: (i) subclasses semânticas, (ii) padrões sintáticos possíveis de estruturarem sentenças que contenham verbos das respectivas subclasses e (iii) índices relativos à avaliação da classe, a saber:

® *para subclasses semânticas cujos padrões sintáticos possam ser reduzidos através de operações de apagamento de complementos*[19]*;*
⊗ *para subclasses semânticas cujos padrões sintáticos não possam ser reduzidos, sugerindo, assim, formarem uma classe geradora de ambiguidade descritiva.*

Quadro 4 – Confronto entre subclasses semânticas e padrões sintáticos

Sit.	Cód.	Subclasse semântica	Padrões sintáticos associados
ℝ	100	Predicadores existenciais	$^2[\underline{\quad} \overline{N}]^2 / {}^3[\underline{\quad} \overline{Prep2}]^3 / {}^4[\overline{N} \underline{\quad}]^4$
⊗	110	Especificadores existenciais	$^4[\overline{N} \underline{\quad}]^4 / {}^5[\underline{\quad} {}^X\{...\,S\,...\}]^5 / {}^8[\overline{N} \underline{\quad} \overline{N}]^8$ $^{11}[{}^X\{...\,S\,...\} \underline{\quad} \overline{N}]^{11}$
ℝ	1101	Qualificadores de existência social	$^4[\overline{N} \underline{\quad}]^4$
ℝ	120	Operações existenciais	$^8[\overline{N} \underline{\quad} \overline{N}]^8$
⊗	1201	Operações de arranjo	$^{15}[\overline{N} \underline{\quad} \overline{N\,Prep1}]^{15} / {}^{19}[\overline{N} \underline{\quad} \overline{Prep2}]^{19}$ $^{24}[\overline{N} \underline{\quad} \#se_{[PROP]}]^{24}$ $^{25}[\overline{N} \underline{\quad} \#se_{[PROP]} \overline{Prep2}]^{25}$
ℝ	130	Operações analíticas simples	$^{13}[\overline{N} \underline{\quad} \overline{X}_{[+A]}]^{13}$
⊗	131	Operações analíticas denominativas	$^{18}[\overline{N} \underline{\quad} \overline{N\,X}_{[+A]}]^{18} / {}^{20}[\overline{N} \underline{\quad} \overline{N\,Prep2}]^{20}$
ℝ	132	Operações atributivas externas	$^4[\overline{N} \underline{\quad}]^4 / {}^8[\overline{N} \underline{\quad} \overline{N}]^8 / {}^{18}[\overline{N} \underline{\quad} \overline{N\,X}_{[+A]}]^{18}$
⊗	133	Operações atributivas internas	$^8[\overline{N} \underline{\quad} \overline{N}]^8 / {}^{20}[\overline{N} \underline{\quad} \overline{N\,Prep2}]^{20}$ $^{24}[\overline{N} \underline{\quad} \#se_{[PROP]}]^{24}$ $^{25}[\overline{N} \underline{\quad} \#se_{[PROP]} \overline{Prep2}]^{25}$
⊗	200	Operações dinâmicas	$^8[\overline{N} \underline{\quad} \overline{N}]^8 / {}^{15}[\overline{N} \underline{\quad} \overline{N\,Prep1}]^{15}$
⊗	201	Operações tipicamente instrumentalizadas	$^4[\overline{N} \underline{\quad}]^4 / {}^8[\overline{N} \underline{\quad} \overline{N}]^8 / {}^{15}[\overline{N} \underline{\quad} \overline{N\,Prep1}]^{15}$
⊗	202	Manifestações não operativas	$^1[\underline{\quad}]^1 / {}^2[\underline{\quad} \overline{N}]^2$
⊗	210	Operações de percepção básica	$^4[\overline{N} \underline{\quad}]^4 / {}^8[\overline{N} \underline{\quad} \overline{N}]^8$
⊗	211	Atividades biológicas	$^4[\overline{N} \underline{\quad}]^4 / {}^8[\overline{N} \underline{\quad} \overline{N}]^8$

(continua)

(Quadro 4 - continuação)

⊗	212	Operações causativas existenciais	$^4[\overline{N\_\_}]^4 / {}^8[\overline{N\_\_N}]^8 / {}^{19}[\overline{N\_\_Prep2}]^{19}$ $^{20}[\overline{N\_\_N\,Prep2}]^{20} / {}^{24}[\overline{N\_\_\#se_{[PROP]}}]^{24}$ $^{25}[\overline{N\_\_\#se_{[PROP]}\,Prep2}]^{25}$
⊗	213	Atividades copulativas ou afetivas	$^4[\overline{N\_\_}]^4 / {}^8[\overline{N\_\_N}]^8 / {}^{19}[\overline{N\_\_Prep2}]^{19}$ $^{24}[\overline{N\_\_\#se_{[PROP]}}]^{24}$
⊗	2131	Indicadores de empatia	$^4[\overline{N\_\_}]^4 / {}^{19}[\overline{N\_\_Prep2}]^{19}$ $^{24}[\overline{N\_\_\#se_{[PROP]}}]^{24}$
⊗	214	Estados modalizadores	${}^6[{}^X\{...\,S\,...\}\_\_\overline{Prep1}]^6 / {}^8[\overline{N\_\_N}]^8$ ${}^9[\overline{N\_\_{}^X\{...\,S\,...\}}]^9 / {}^{19}[\overline{N\_\_Prep2}]^{19}$
®	215	Estados hipotéticos	${}^5[\_\_{}^X\{...\,S\,...\}]^5$
®	2151	Estados hipotéticos qualificados	${}^5[\_\_{}^X\{...\,S\,...\}]^5$
⊗	220	Operadores de expressão	$^4[\overline{N\_\_}]^4 / {}^8[\overline{N\_\_N}]^8 / {}^9[\overline{N\_\_{}^X\{...\,S\,...\}}]^9$ ${}^{10}[\overline{N\_\_:S}]^{10} / {}^{11}[{}^X\{...\,S\,...\}\_\_\overline{N}]^{11}$ ${}^{12}[{}^X\{...\,S\,...\}\_\_\overline{N\,Prep1}]^{12}$ ${}^{15}[\overline{N\_\_N\,Prep1}]^{15} / {}^{16}[\overline{N\_\_Prep1\,:S}]^{16}$ ${}^{17}[\overline{N\_\_Prep1}\,{}^X\{...\,S\,...\}]^{17}$
⊗	2201	Ações gramaticais	$^4[\overline{N\_\_}]^4 / {}^8[\overline{N\_\_N}]^8$
®	2202	Ações de encaixe textual	${}^5[\_\_{}^X\{...\,S\,...\}]^5$
®	221	Operações apelativas	${}^8[\overline{N\_\_N}]^8 / {}^{19}[\overline{N\_\_Prep2}]^{19}$
®	2211	Atos de espera	${}^8[\overline{N\_\_N}]^8 / {}^{19}[\overline{N\_\_Prep2}]^{19}$
⊗	222	Operações denunciativas	${}^8[\overline{N\_\_N}]^8 / {}^9[\overline{N\_\_{}^X\{...\,S\,...\}}]^9$
⊗	223	Atividades semióticas primárias	$^4[\overline{N\_\_}]^4 / {}^8[\overline{N\_\_N}]^8$
⊗	224	Atividades semióticas religiosas	$^4[\overline{N\_\_}]^4 / {}^{19}[\overline{N\_\_Prep2}]^{19}$
⊗	230	Operações causativas típicas	$^4[\overline{N\_\_}]^4 / {}^8[\overline{N\_\_N}]^8 / {}^{20}[\overline{N\_\_N\,Prep2}]^{20}$ ${}^{24}[\overline{N\_\_\#se_{[PROP]}}]^{24}$

(Quadro 4 – continuação)

Sit.	Cód.	Subclasse semântica	Padrões sintáticos associados
⊗	231	Operações de união	$^4[\overline{N}\_\_]^4 / ^8[\overline{N}\_\_\overline{N}]^8 / ^{19}[\overline{N}\_\_\overline{Prep2}]^{19}$ $^{20}[\overline{N}\_\_\overline{N\,Prep2}]^{20} / ^{23}[\overline{N}\_\_\overline{N\,Prep3}]^{23}$ $^{28}[\overline{N}\_\_\overline{N\,Prep2\,Prep3}]^{28}$
⊗	232	Estados implicativos	$^8[\overline{N}\_\_\overline{N}]^8 / ^9[\overline{N}\_\_{}^X\{...\,S\,...\}]^9$
⊗	2321	Estados afetativos	$^8[\overline{N}\_\_\overline{N}]^8 / ^{20}[\overline{N}\_\_\overline{N\,Prep2}]^{20}$ $^{25}[\overline{N}\_\_\#se_{[PROP]}\overline{Prep2}]^{25}$
⊗	240	Operações causadoras de movimento simples	$^4[\overline{N}\_\_]^4 / ^{22}[\overline{N}\_\_\overline{Prep3}]^{22}$
⊗	241	Operações causadoras de movimento composto	$^{18}[\overline{N}\_\_\overline{N\,X_{[+A]}}]^{18} / ^{20}[\overline{N}\_\_\overline{N\,Prep2}]^{20}$ $^{21}[\overline{N}\_\_\overline{N\,Prep2\,Prep2}]^{21}$ $^{25}[\overline{N}\_\_\#se_{[PROP]}\overline{Prep2}]^{25}$ $^{28}[\overline{N}\_\_\overline{N\,Prep2\,Prep3}]^{28}$ $^{29}[\overline{N}\_\_\overline{N\,Prep2\,Prep2\,Prep3}]^{29}$
⊗	2411	Operações de definição de pontos no tempo	$^8[\overline{N}\_\_\overline{N}]^8 / ^{19}[\overline{N}\_\_\overline{Prep2}]^{19}$ $^{20}[\overline{N}\_\_\overline{N\,Prep2}]^{20}$
⊗	2412	Operações de deslocamento no tempo	$^8[\overline{N}\_\_\overline{N}]^8 / ^{19}[\overline{N}\_\_\overline{Prep2}]^{19}$ $^{21}[\overline{N}\_\_\overline{N\,Prep2\,Prep2}]^{21}$
⊗	242	Definições estativas	$^4[\overline{N}\_\_]^4 / ^{13}[\overline{N}\_\_\overline{X_{[+A]}}]^{13}$
⊗	243	Operações persecutórias	$^8[\overline{N}\_\_\overline{N}]^8 / ^{20}[\overline{N}\_\_\overline{N\,Prep2}]^{20}$
⊗	244	Operações físico-esportivas	$^4[\overline{N}\_\_]^4 / ^8[\overline{N}\_\_\overline{N}]^8 / ^{19}[\overline{N}\_\_\overline{Prep2}]^{19}$ $^{20}[\overline{N}\_\_\overline{N\,Prep2}]^{20}$ $^{21}[\overline{N}\_\_\overline{N\,Prep2\,Prep2}]^{21}$
⊗	245	Atos de roubo e restituição	$^4[\overline{N}\_\_]^4 / ^8[\overline{N}\_\_\overline{N}]^8 / ^{15}[\overline{N}\_\_\overline{N\,Prep1}]^{15}$ $^{19}[\overline{N}\_\_\overline{Prep2}]^{19} / ^{20}[\overline{N}\_\_\overline{N\,Prep2}]^{20}$ $^{24}[\overline{N}\_\_\#se_{[PROP]}]^{24}$
⊗	246	Atos bloqueativos	$^8[\overline{N}\_\_\overline{N}]^8 / ^{23}[\overline{N}\_\_\overline{N\,Prep3}]^{23}$

(Quadro 4 – continuação)

⊗	2461	Atos sustentativos	$^8[\overline{N}\_\_\overline{N}]^8 / {}^{20}[\overline{N}\_\_\overline{N\,Prep2}]^{20}$
®	2462	Especificativos de crença	$^{15}[\overline{N}\_\_\overline{N\,Prep1}]^{15}$
⊗	250	Atividade social	$^4[\overline{N}\_\_]^4 / {}^8[\overline{N}\_\_\overline{N}]^8 / {}^{24}[\overline{N}\_\_\#se_{[PROP]}]^{24}$
⊗	251	Atividades negociativas	$^4[\overline{N}\_\_]^4 / {}^8[\overline{N}\_\_\overline{N}]^8 / {}^{15}[\overline{N}\_\_\overline{N\,Prep1}]^{15}$ $^{16}[\overline{N}\_\_\overline{Prep1\,:S}]^{16} / {}^{19}[\overline{N}\_\_\overline{Prep2}]^{19}$ $^{23}[\overline{N}\_\_\overline{N\,Prep3}]^{23}$
®	252	Atividades ofertativas	$^{15}[\overline{N}\_\_\overline{N\,Prep1}]^{15}$
⊗	253	Atividades disputativas	$^4[\overline{N}\_\_]^4 / {}^8[\overline{N}\_\_\overline{N}]^8$
®	2531	Atividades acautelativas	$^{15}[\overline{N}\_\_\overline{N\,Prep1}]^{15}$
⊗	2532	Atividades auxiliativas	$^4[\overline{N}\_\_]^4 / {}^5[\_\_{}^X\{...\,S\,...\}]^5 / {}^8[\overline{N}\_\_\overline{N}]^8$ $^{20}[\overline{N}\_\_\overline{N\,Prep2}]^{20}$ $^{21}[\overline{N}\_\_\overline{N\,Prep2\,Prep2}]^{21}$
®	254	Operações persuasivas	$^{20}[\overline{N}\_\_\overline{N\,Prep2}]^{20} / {}^{25}[\overline{N}\_\_\#se_{[PROP]}\overline{Prep2}]^{25}$
⊗	255	Formativos culturais	$^8[\overline{N}\_\_\overline{N}]^8 / {}^{20}[\overline{N}\_\_\overline{N\,Prep2}]^{20}$ $^{24}[\overline{N}\_\_\#se_{[PROP]}]^{24} / {}^{25}[\overline{N}\_\_\#se_{[PROP]}\overline{Prep2}]^{25}$
⊗	260	Operações assimilativas	$^4[\overline{N}\_\_]^4 / {}^8[\overline{N}\_\_\overline{N}]^8 / {}^9[\overline{N}\_\_{}^X\{...\,S\,...\}]^9$
⊗	261	Operações recordativas	$^8[\overline{N}\_\_\overline{N}]^8 / {}^9[\overline{N}\_\_{}^X\{...\,S\,...\}]^9$ $^{15}[\overline{N}\_\_\overline{N\,Prep1}]^{15} / {}^{19}[\overline{N}\_\_\overline{Prep2}]^{19}$ $^{20}[\overline{N}\_\_\overline{N\,Prep2}]^{20}$
⊗	262	Operações lógico-cognitivas	$^4[\overline{N}\_\_]^4 / {}^8[\overline{N}\_\_\overline{N}]^8 / {}^9[\overline{N}\_\_{}^X\{...\,S\,...\}]^9$ $^{18}[\overline{N}\_\_\overline{N\,X_{[+A]}}]^{18}$
⊗	2621	Atos conscienciativos	$^{20}[\overline{N}\_\_\overline{N\,Prep2}]^{20} / {}^{24}[\overline{N}\_\_\#se_{[PROP]}]^{24}$
⊗	263	Atos optativos	$^8[\overline{N}\_\_\overline{N}]^8 / {}^9[\overline{N}\_\_{}^X\{...\,S\,...\}]^9$ $^{19}[\overline{N}\_\_\overline{Prep2}]^{19}$
⊗	270	Atos avaliativos	$^4[\overline{N}\_\_]^4 / {}^8[\overline{N}\_\_\overline{N}]^8 / {}^9[\overline{N}\_\_{}^X\{...\,S\,...\}]^9$

(Quadro 4 – conclusão)

Sit.	Cód.	Subclasse semântica	Padrões sintáticos associados
⊗	271	Atos decretativos	$^8[\overline{N}\_\_\overline{N}]^8 / {}^{20}[\overline{N}\_\_\overline{N}\ \text{Prep2}]^{20}$
⊗	272	Ações qualificadas I	$^4[\overline{N}\_\_]^4 / {}^8[\overline{N}\_\_\overline{N}]^8 / {}^{19}[\overline{N}\_\_\text{Prep2}]^{19}$
⊗	2721	Ações qualificadas II	$^4[\overline{N}\_\_]^4 / {}^8[\overline{N}\_\_\overline{N}]^8 / {}^{19}[\overline{N}\_\_\text{Prep2}]^{19}$ $^{23}[\overline{N}\_\_\overline{N}\ \text{Prep3}]^{23}$
®	2722	Ações utilitativas	$^8[\overline{N}\_\_\overline{N}]^8$
®	280	Indicadores de duração	$^4[\overline{N}\_\_]^4$
® 16 subclasses (25,8%)			⊗ 46 subclasses (74,2%)

O Quadro 4 apresenta 46 classes cuja situação é considerada insatisfatória segundo o critério de avaliação anteriormente definido, ou seja, subclasses que reúnem padrões sintáticos cujas propriedades não podem ser reduzidas. Esse número corresponde a 74,2% das 62 subclasses semânticas levantadas, o que representa um percentual extremamente elevado para que se possa dar por concluído, através dessas subclasses, o problema quanto ao emprego de padrões sintáticos como parâmetro na definição de classes de palavras.

O resultado da análise apresentada no Quadro 4 assinala, ainda, que é improcedente o mito de que a simples inclusão de critérios semânticos possa solucionar problemas descritivos em doutrinas gramaticais. Apesar de contribuir com alguns avanços na solução dos problemas, as informações da natureza semântica não são suficientes para equalizar as inúmeras ambiguidades resultantes do aproveitamento exclusivo das propriedades sintáticas da sentença. Apesar de as subclasses semânticas apresentarem certo avanço na busca por restrição nas ambiguidades descritivas decorrentes da utilização exclusiva de fatores sintáticos, o resultado de apenas 25,8% de certeza quanto à estrutura potencial de cada frase fica muito abaixo do desejado.

Em consequência do Quadro 4, conclui-se que a simples conjugação de critérios semânticos e sintáticos em rotinas de descrição sintática contribui muito pouco para que se possam obter parâmetros confiáveis de predição da forma potencial das sentenças possíveis nas línguas naturais. Ainda que se tenha chegado, até aqui, a um ponto intermediário, permanece em demanda a adoção de algum outro tipo de critério classificatório capaz de restringir a margem de erro na projeção estrutural da sentença, o qual venha a se somar aos aspectos sintáticos e semânticos já levantados.

Merece apreço, entretanto, o fato de que o levantamento de subclasses demonstra ser possível estratificar o universo categorial das representações expressas pelos predicadores verbais, mediante o emprego de um conjunto relativamente pequeno de categorias gramaticalizáveis. As 62 classes ora propostas perpassam diversos domínios da representação cognitiva, configurando um universo de categorias capazes de sintetizar um número significativo de possibilidades de operações mentais praticadas pela cognição humana. Ainda que formuladas a partir da análise de um *corpus* reduzido de verbos, é possível que essas classes sejam capazes de contemplar um número várias vezes maior de verbos lexicalizados na língua portuguesa.

Numa concepção não reducionista da cognição humana[20] – na qual não se perca de vista o fato de que razão é o somatório de todas as experiências humanas, sob a ótica biológica, sociológica e psicológica –, a atividade representativa[21] perpassa, simultaneamente, sete esferas de fatores (ou categorias lógicas) condicionantes[22], a saber:

- a consciência de si e do mundo, ou o princípio E (de "Existência de");
- a consciência da constituição física – de si e do mundo – dos objetos cognoscíveis da realidade tangível (Fís.);
- a consciência da pontualidade da existência sobre o tempo e o espaço (T/E);
- a consciência simbólica do objeto representado (Símb.);
- a consciência da objetividade afetiva da representação, considerando-se o valor afetivo do próprio sujeito para si mesmo e dos objetos representados por ele – (Psi.);
- a consciência do valor sociocultural (conceitual) das representações (Soc.);
- a consciência da ação cognitiva em si, de sua capacidade cognosciva e transformadora (Aç.).

As sete esferas da representação estão ontologicamente associadas umas às outras de maneira que cada objeto representado sintetiza o somatório de um feixe de propriedades de cada uma delas. Não existe, no ser humano, consciência alguma que não se associe ao registro de uma série de circunstâncias espaciotemporais que condicionam e marcam as diferenças entre projeções de um mesmo objeto em sua história. Igualmente, inexistem ações – estritamente cognitivas ou transformadoras – que não derivem de uma intenção decorrente da consciência da existência E. Nenhuma existência se concebe à margem de sua própria constituição física (ainda que esta seja puramente simbólica) ou à margem de uma representação simbólica – não somente sígnica, mas capaz de preservar o valor completo de seu significado existencial. Nenhum objeto simbólico existente para alguém está à margem de um valor afetivo ou à margem de um papel no imaginário coletivo da sociedade que lhe imprime um sentido no cotidiano.

As 62 subclasses apresentadas buscam refletir o modo como o sistema de expressão dos predicadores da língua portuguesa revela o olhar dos falantes sobre as representações. Ainda que cada subclasse esteja irremediavelmente associada às sete esferas da representação, os predicadores a elas associados permitem que se enfatize na expressão do discurso um ponto de vista privilegiado sobre um ou mais dos aspectos de cada uma delas. Na realidade, essa afirmativa é mera obviedade, pois, fossem todas as representações o somatório de todas as esferas da representação e não havendo olhares distintos em cada processo de representação, inexistiria, também, multiplicidade de expressões possíveis.

Partindo-se disso, as 62 subclasses poderiam ser, então, distribuídas em outra disposição, na qual se refletisse sua afinidade com os olhares preferenciais de cada predicador. Daí resultariam, por exemplo, subclasses de olhar preferencial sobre a esfera da "existência de" (E), a saber, subclasses 100 e 110, ou subclasses de olhar preferencial dirigido simultaneamente a E e a Soc., tal como 101. Um exemplo desse tipo de ordenação possível das subclasses encontra-se a seguir:

E {100 – 110}
E + Soc. {1101}
E + Fís. + Aç. {120}
E + Soc. + Aç. {1201 – 212}
E + [Fís. ou Sim.] {130}
E + Sim. + Aç. {131}
E + [Soc. ou Fís.] + Sim. + Ac. {132}
E + Psi. + Sim. + Aç. {133}

Aç. {200 – 201 – 230 – 231}
Fís. {202 – 210 – 211 – 23 – 244}
Fís. + Soc. + Psi. {213 – 224}
Soc. + Psi. {2131}
Psi. {214 – 215 – 2151}
Sim. {220}
Sim. + Fís. {2201 – 2202}
Sim. + Aç. {221 – 2211}
Sim. + Aç. + Soc. {222}
Sim + {Soc. ou Psi.} + T/E {232 – 2321}
Aç. + T/E {240 – 2411 – 2412}
Aç. + Fís. + T/E {241 – 243}
Fís. + T/E {242}
Aç. + Soc. {245 – 250 – 251 – 252 – 253 – 271}
Aç. + Fís. {246 – 2461 – 2722}
Aç. Fís. + Psi. {2462 – 2721}
Aç. + Soc. + Psi. {2531 – 2532 – 254 – 255 – 2621 – 263}
Ac. + Psi. {260 – 261}
Aç. + Sim. {262 – 270}
Aç. + Fís. + Soc. {272}
T/E {280}

Como se pode observar, todavia, um inventário de subclasses derivado exclusivamente a partir de critérios lógicos, como o das esferas da representação, resultaria em subclasses ainda muito genéricas e pouco proveitosas para que se possa solucionar os problemas decorrentes do emprego de critérios exclusivamente sintáticos. Aliás, as inúmeras tentativas de formalização de gramáticas em termos estritamente lógicos já demonstravam isso no passado (cf. Hawkins, 1990; Jackendoff, 1973, 1985; Roeper; Williams, 1987; Altmann, 1995; Ballmer, 1978).

Em razão do exposto, há de se reforçar neste momento que o emprego dos dados de natureza filosófica da categorização de palavras, bem como de dados estritamente sintáticos ou semânticos, não é satisfatório. Ao se estabelecer como parâmetro no levantamento das subclasses semânticas o emprego de noções da filosofia, optou-se por um parâmetro de recorte no conjunto de banco de predicadores arquivados nos bancos de dados, configurando um primeiro norte para a fixação de domínios semânticos.

Essa estratégia – de cunho estritamente heurístico – foi um fator decisivo para que se pudesse chegar às 62 subclasses.

A pouca produtividade de traços classificatórios estritamente lógicos – em que pese uma certa tradição em contrário nos estudos formais de gramática – não desabona o trabalho com categorias semânticas como proveitoso. Se, por um lado, essas categorias colocam a gramática sob a sujeição de todas as idiossincrasias próprias da semântica, por outro, permite que se contemplem de maneira satisfatória todos os aspectos estritamente lógicos e, ao mesmo tempo, os aspectos decorrentes das especificações e sobrelogicidades próprias do uso da língua. À medida que se vem buscando na descrição gramatical maior proximidade da fluidez do discurso oral corrente, os aspectos semânticos tendem a ser uma ferramenta mais interessante do que os lógicos. Apesar disso, porém, os aspectos semânticos aqui tratados, isoladamente, são ainda pouco produtivos, motivo pelo qual deve-se prosseguir na investigação de outros fatores com os quais se possam superar os problemas pendentes quanto à eficácia da subcategorização dos predicadores.

ca.pí.tu.lo
quatro

Subclasses semânticas e fatores lógico-semânticos

O levantamento de subclasses verbais a partir de critérios semânticos – no capítulo anterior – foi motivado, recorda-se, pelos seguintes fatores, descritos na ocasião de sua proposição:

- os aspectos estritamente sintáticos derivam subclasses abrangentes demais ao ponto de se tornarem insipientes para os fins da descrição gramatical;
- os aspectos morfológicos da língua não se aplicariam à solução da abrangência das subclasses definidas a partir de fatores sintáticos, tendo em vista que se relacionam a critérios classificatórios de ordem inferior na hierarquia de traços;
- os aspectos nocionais – os mais elevados na hierarquia de traços – pouco teriam a contribuir com o estabelecimento de subclasses verbais, já que remetem, exclusivamente, a princípios gerais da representação semiótica do pensamento;
- a restrição dos fatores semânticos a traços estritamente lógicos cria uma generalização que desencadeia um alargamento nas características específicas das subclasses, tornando-as excessivamente genéricas.

Diante desses quatro fatos, conclui-se que a possibilidade de solução dos problemas ainda pendentes na subclassificação de verbos deve ser buscada entre outros fatores ainda incluídos no domínio da semântica, mesmo que diferentes dos aspectos lógicos previamente utilizados. Essa possível solução que continua na esfera da semântica sugere uma questão de ordem conceitual, que necessita ser cuidadosamente considerada como norte nas condutas de avaliação das subclasses semânticas deste ponto em diante. Considerando-se que as subclasses já estão organizadas de modo a refletir aspectos semânticos específicos de certos verbos, então os novos traços semânticos que serão utilizados para ajustá-las aos nossos interesses descritivos deverão ter, certamente, natureza diversa. Trata-se, portanto, de uma questão que envolve a definição de duas áreas distintas, mesmo que conjugadas em algum ponto da gramática, relacionadas ao mesmo domínio semântico.

É preciso, ainda, adotar certo cuidado ao se adentrar essa discussão acerca dos tipos diversos de traços semânticos, a fim de que não se incorra no grave e indesejável erro de provocar a justaposição de diferentes aspectos descritivos com a finalidade única de tentar sustentar uma hipótese descritiva cujas propriedades possam, simplesmente, não se sustentar empiricamente. Aludindo a isso, refiro-me à possibilidade de que as subclasses semânticas anteriormente propostas tenham sido concebidas de maneira inadequada, assim resultando nos problemas de ambiguidade assinalados aqui. Se esse for o caso, de fato, a justaposição de aspectos semânticos de diferentes ordens torna-se totalmente desnecessária e – ainda mais grave – um fator a complicar aleatoriamente a teoria da gramática.

Caso tenham sido as classes erroneamente traçadas, bastaria que fossem apenas reformuladas, buscando-se, talvez, algum expediente capaz de restringir ainda mais sua extensão potencial[23].

Em razão desses dois fatos – (i) a adoção de duas ordens distintas de traços semânticos, e (ii) a necessidade de se avaliarem as subclasses já propostas para sustar o emprego de informações onerosas para a forma final da teoria da gramática –, a análise apresentada neste capítulo visa fixar um conjunto de critérios, com base nos quais se possa determinar:

a. se cada uma das subclasses semânticas já levantadas é de fato procedente e adequada à teoria da gramática, necessitando, todavia, vir acompanhada de outros traços de ordem igualmente semântica;
b. se uma ou mais das classes semânticas já levantadas não são procedentes ou adequadas à teoria da gramática, necessitando, portanto, ser reformuladas.

A fixação dos critérios de avaliação a serem adotados na tomada de decisão por uma das chaves (a) e (b) será, aqui, decorrente da própria discussão acerca dos tipos de traços semânticos a se justaporem aos critérios previamente selecionados para definir as subclasses já propostas[24].

Há de se colocar, então, a questão relativa a qual fator semântico acrescentar aos que já foram considerados até o momento. Essa questão, mais uma vez, aponta para o problema de que o termo *semântica* não restringe *a priori* todos os desdobramentos possíveis dos traços de ordem semântica. Isso tem sido, aliás, objeto de grande confusão na medida em que, apesar de constante, o mesmo termo *semântica* significa coisas nem sempre idênticas quando se analisam as diferentes doutrinas linguísticas.

4.1
Semântica e avaliação das classes propostas

Por definição, o termo *semântica* refere-se à "significação", em sentido genérico, estando ordinariamente associado à interpretação dos vocábulos (tal como nos verbetes de dicionários, em que constam explicações sobre o seu significado). Por extensão, pode-se concluir que, nessa acepção, a semântica relaciona-se às referências ou extensões dos elementos significativos dos códigos semióticos. As categorias de objetos representacionais possíveis – as referências de mundo possíveis – estariam, portanto, relacionadas a esse domínio. Observa-se, então, que as subclasses de verbos descritas no capítulo anterior são derivadas desse tipo de definição semântica, representando categorias de predicadores segundo domínios de operações mentais representados pelos falantes. Ressalta-se, porém, que tais categorias não se restringem aos domínios específicos dos códigos em particular – como se esperaria ser, por exemplo, no caso dos verbetes dos dicionários –, mas remontam ao processo mental de significação, um processo de natureza potencialmente universal, relacionado à atividade sociocognitiva que resulta nas categorias mentais. Aquelas subclasses, consequentemente, estariam possivelmente reportando às categorias mentais cujas propriedades possam ser definidas como operações predicadoras, estando, assim, sua existência condicionada não à estrutura dos códigos verbais, mas às necessidades de representação da experiência de mundo pertencentes aos sujeitos falantes.

Investir na avaliação das subclasses já propostas, bem como na solução dos problemas oriundos de sua proposição através de uma abordagem semântica restrita às categorias de predicadores, não traria nenhum resultado satisfatório, exceto na hipótese de que estivéssemos considerando, *a priori*, que as subclasses não tenham sido formuladas adequadamente ou não circunscrevam um conjunto satisfatório de categorias de predicadores. Considerando, enfim, que as subclasses tenham sido formuladas de maneira satisfatória, a alternativa para sua avaliação e para a busca de solução para seus problemas deverá constar em outro domínio conceitual, ainda dentro da própria semântica, tendo em vista os argumentos anteriormente levantados quanto à improcedência dos domínios morfológico, sintático e nocional. Resta-nos, então, definir que outro tipo de critério classificatório estaria contido no universo da semântica, fora dos limites do processo de representação das categorias mentais.

Uma alternativa possível para definir esse novo tipo de critério semântico, à margem do processo de representação de categorias, é sugerida em trabalhos da própria linguística, já a partir dos primeiros trabalhos sobre gramáticas baseadas na lógica – como aquelas privilegiadas pelos gramáticos de Port Royal (cf. Arens, 1969) – e, mais tarde, com Saussure, quando este apresenta as clássicas relações associativas.

As relações associativas são parte das operações características da faculdade de linguagem[25], definindo-se como um mecanismo através do qual são determinadas as relações possíveis entre universos de mundo, num sentido bem mais genérico do que o que veio a ser aproveitado nos estudos gramaticais subsequentes. Anos mais tarde, a gramática gerativa recobra, em parte, o princípio das relações associativas, propondo que o suporte gramatical gerador da estrutura profunda – a estrutura lógica – da sentença fosse acrescido de um conjunto de regras cuja finalidade seria a de controlar o fluxo de entrada de informações na sentença. Tais regras vieram a se denominar *regras de seleção*[26] e eram utilizadas para impedir a geração de sentenças agramaticais a partir de regras de reescritura frasal sintaticamente adequadas, tal como na representação sintática a seguir:

S → SN [SV → V SN] (...)
303. *A pradaria recitou Camões.

O princípio regulador impresso pelas regras de seleção empregadas na gramática gerativa é basicamente o mesmo que inspirou as regras associativas de Saussure, para o qual uma frase como 303 é agramatical porque *pradaria* e *recitar Camões* não são representações passíveis de se associarem entre si no universo de mundo conhecido.

A natureza dos aspectos semânticos considerados no discernimento de que frases como 303 são agramaticais não está de todo dissociada dos aspectos semânticos concernentes ao processo de representação, embora não possam ser contemplados do modo como o fizemos anteriormente ao estabelecermos domínios de categorias mentais. Na verdade, trata-se de um aprofundamento no conceito de categorias mentais a partir do qual se procuram contemplar as suas propriedades nucleares[27] e a maneira como a mente opera para as ordenar e fixar critérios de combinatória. Vale dizer, então, que *pradaria* não se conjuga com *recitou Camões*, porque a mente não é capaz de derivar uma regra combinatória verdadeira a partir da análise das propriedades de ambas as cláusulas.

Esse processo mental de análise de propriedades combinatórias constitui um domínio da semântica inconfundível com a capacidade mais geral de representação. Tais propriedades possivelmente nos permitam compreender alguns dos fatores que solucionem os problemas anteriormente levantados nas subclasses verbais, em cuja caracterização foram considerados apenas aspectos absolutos da representação – categorias mentais de predicadores. Para operacionalizar o emprego desse tipo de aspecto semântico, adotarei uma abordagem linguistico-cognitiva apresentada em Senna (1991b), em que são discutidas certas condições de uso dos complementos verbais, numa análise da transitividade.

Do ponto de vista linguístico-cognitivo, o emprego dos complementos verbais é condicionado ao processo cognitivo da representação, embora não se possa afirmar que para cada elemento da representação corresponda sempre uma espécie de complemento gramatical. Nessa perspectiva, o número de complementos e sua disposição na estrutura frasal estão diretamente condicionados pela seleção dos termos que configurarão o foco[28] da enunciação. O foco, nesse caso, é o elemento, ou conjunto de elementos, que a mente pré-seleciona como aspectos relevantes a serem expressos na sentença. É o foco que determina o que será expresso na forma de sujeito, de objeto ou de adjunto, ou ainda aquilo que não será expresso na sentença por ser irrelevante às intenções comunicativas do falante. Desse modo, um mesmo termo pode funcionar como sujeito de uma sentença e como adjunto em outra; pode ser expresso como um termo integrante (obrigatório, nos termos tradicionais) e, em seguida, ser suprimido em outra sentença por não estar sendo considerado uma informação relevante no contexto enunciativo.

    304. {Pedro}[sujeito] abriu {a porta}[objeto] {com o pé-de-cabra}.[adjunto adverbial]
    304a. {O pé de cabra}[sujeito] abriu {a porta}.[objeto]
    305. {Este infeliz}[sujeito] caça {animais}.[objeto]
    305a. {Este infeliz}[sujeito] caça {Ø}.

Em Senna (1991b), a predicação é abordada na perspectiva epistemológica que lhe deu origem na filosofia aristotélica, segundo a qual o fenômeno predicativo surge como uma teoria acerca do modo como a razão se apropria do mundo. Tal teoria, por sua vez, estabelece que os fatos do mundo não sejam considerados representações objetivas da mente humana uma vez que pertencem ao próprio mundo e apenas os juízos determinados pelas relações possíveis entre tais representações venham a ser produtos mentalmente objetivos. Cada predicação, portanto, é vista como uma relação que se estabelece entre um fato de mundo e outros fatos possíveis de mundo, tendo estes de uma natureza não cognitiva. Assim, as duas cláusulas da predicação sujeito e predicado baseiam-se na necessidade de se ratificar, no âmbito dessa teoria filosófica, o confronto entre um fato de mundo, por um lado, e uma relação mental, por outro, ressaltando-se, porém, que ambas constituem termos da representação cognitiva (cf. Neves, M. H. M., 1987).

A teoria filosófica da predicação sustenta bem que o foco das intenções comunicativas do falante venha a interferir sobre a forma da sentença, suplantando as regras determinadas na gramática acerca do que se considera essencial ou assessório. Na medida em que a predicação constitui uma teoria sobre a cognição, seus termos, tais como sujeito, predicado e decorrentes, não se confundem com quaisquer categorias gramaticais, como a categoria do sujeito gramatical, a do predicado gramatical ou a dos termos integrantes, porque são controlados por operações relacionais totalmente regidas por leis da própria mente. Por esse motivo, apesar de numa frase como 304a haver uma categoria de sujeito preenchida pelo SN {O pé de cabra}, isso não interfere no fato de que, cognitivamente, essa cláusula não se confunde com o sujeito da predicação, ou, em outras palavras, o sujeito lógico. Tal fato se dá porque a sentença expressa não reflete o processo mental da predicação, mas sim o elenco de fatores concorrentes na predicação, selecionados pelo falante para expressá-la segundo seus interesses comunicativos. A omissão do sujeito lógico na sentença {O pé de cabra}$_{sujeito}$ abriu {a porta}$_{objeto}$ não resulta entre os ouvintes a interpretação de que não exista qualquer sujeito lógico, mas sim a de que este esteja deliberadamente omitido no discurso.

Partindo-se dessa concepção acerca do ato de predicação, podemos inferir que as subclasses semânticas já propostas estejam sendo capazes de refletir uma operação predicativa constante em todos os verbos a ela vinculados. Tal hipótese, sustentada na tese de que as subclasses tenham sido formuladas de modo adequado, deriva do fato de que as categorias predicativas previstas nos conjuntos de verbos são idênticas entre si, na medida em que reflitam uma mesma natureza relacional entre representações cognitivas, assim envolvendo os mesmos elementos lógicos, sujeitos às mesmas condições de disposição na frase. Se numa subclasse S_1 o verbo V_1 admite ser usado em sentenças com padrões sintáticos afins e com um esquema de categorias Z_1 (ou seja, permite, por exemplo, ter como sujeito gramatical o sujeito lógico, o instrumento lógico ou paciente lógico, conforme se verifica em frases como 304a), então todos os verbos de S_1 deverão possibilitar as mesmas formas de sentenças.

Para que se confirme a procedência das subclasses de predicadores verbais, as diferenças no emprego dos padrões sintáticos em cada uma delas deverão refletir exclusivamente:

i. reduções ou ampliações no esquema de elementos lógicos expressos na sentença, segundo o modo como o falante define seu foco enunciativo;

ii. diferenças quanto ao tipo de objeto considerado no ato da predicação, permanecendo-se invariável a operação e alternando-se o tipo de representação mental que sofre a predicação.

Para que se possam aplicar esses dois critérios na avaliação das classes propostas no capítulo anterior, é necessário utilizar algum instrumento que permita se formalizarem os elementos mínimos concorrentes para a realização de um ato predicador. Esses elementos mínimos serão, então, os aspectos semânticos que se coassociarão aos aspectos já utilizados anteriormente na proposição das subclasses a serem avaliadas. A fim de identificá-los, serão denominados, aqui, *aspectos lógico-semânticos*[29] por serem elementos lógicos com que a mente opera.

4.2
Aspectos lógico-semânticos

Para se iniciar a apresentação de um conjunto mínimo de aspectos lógico-semânticos, são primeiramente considerados os elementos que, de imediato, concorrem para que a predicação se dê:

Quadro 5 – Elementos semânticos da transitividade

Referências	Correspondentes aos dados a que os mecanismos da percepção se expõem, contidos, portanto, no universo de mundo à volta do sujeito.
Substâncias	Correspondentes à representação que a mente constrói através de operações simbólicas, com base naquilo que percebeu; nem toda substância precisa ter uma referência, haja vista que a própria mente é capaz de entender ou de transformar as substâncias anteriormente construídas; as substâncias dividem-se entre "operações" e "objetos".
Operações	Espécie de substância que corresponde a uma predicação – operação cognitiva que se aplica sobre outras substâncias.
Objetos	Tudo aquilo que está envolvido na representação de uma predicação, não necessariamente equivalente aos chamados *termos lógicos da gramática*, tendo em vista abranger igualmente relações espaciotemporais, propriedades extensionais e qualitativas etc.

Considerando que os elementos dispostos no Quadro 5 sejam categorias epistemológicas, é possível derivar deles três traços classificatórios empregáveis como categorias de classificação de palavras. O mais genérico entre todos é o traço [+ substância], que ressalta a procedência estritamente mental de todo e qualquer outro traço a ser derivado a partir dele, bem como o fato de que os princípios aplicáveis à classificação de predicadores ou outro tipo de elemento semiótico restringem-se exclusivamente a fenômenos de ordem cognitiva. Derivados imediatamente a partir do traço [+ substância], surgem dois outros traços que especificam a natureza funcional das substâncias no ato predicador: [+ operação] e [+ objeto da operação]. Aplicando-se, para fins de exemplo, os três traços a classes de palavras, teríamos que verbos e substantivos em geral seriam, ambos, marcados com o traço [+ substância]; entretanto, os verbos seriam marcados com o traço [+ operação] (e, consequentemente, com o traço [- objeto]), e substantivos variariam, conforme sua espécie. Os substantivos próprios seriam marcados com o traço [+ objeto da operação], uma vez que inexiste qualquer possibilidade de virem a indicar algum tipo de operação cognitiva com relação a outras substâncias. Já os substantivos deverbais frequentemente seriam marcados, simultaneamente, com os traços [+ objeto da operação] e [+ operação], por força de sua natureza [+N][+V][30], que lhes permite figurar-se como parte de uma predicação (na ótica da sentença que os controla) e como predicador de uma cláusula da sentença (na ótica do seu complemento nominal, ou outros termos do SN por eles controlados numa projeção $\overline{\overline{N}}$).

As substâncias marcadas com o traço [+ objeto da operação] diferenciam-se entre si quanto à possibilidade de terem, ou não, alguma referência externa à mente, o que será aqui registrado através do traço [± real], cuja denominação ressalta a propriedade de certas substâncias representarem elementos contidos na realidade do mundo. Ressalta-se, todavia, que tal realidade remete ao universo de mundo do sujeito, incluindo as representações que substantivamente correspondem a um dado de mundo concreto (como os objetos da realidade), e as representações imaginárias de cunho estritamente simbólico (como os objetos derivados do imaginário individual ou sociocultural). Nenhuma substância que tenha o traço [+ operação] recebe o traço [+ real], tendo em vista que sua representação deriva de um juízo construído pela mente acerca de certas relações entre substâncias que sejam identificadas como objetos da operação predicativa[31]. Já as substâncias marcadas com o traço [+ objeto da operação] variam entre [+ reais], quando efetivamente constituem elementos substantivos para o sujeito, e [- reais], quando constituem propriedades atribuídas a objetos reais. Como exemplo disso, há:

i. os substantivos próprios e os substantivos concretos (na definição gramatical do termo[32]), que são marcados com os traços [+ objeto da operação] e [+ real];
ii. os adjetivos – assim como outras categorias adjetivadoras – e os substantivos abstratos (na definição gramatical do termo), que são marcados com os traços [+ objeto da operação] e [- real];
iii. os verbos, que são marcados com o traço [+ operação] e, consequentemente, com o traço [- real].

Nem todos os objetos das operações – como já se sugere no parágrafo anterior – têm a mesma constituição. As diferenças entre os tipos de objetos são bastante significativas para os procedimentos de subcategorização de palavras, pois, em muitos casos, definem empregos específicos de padrões sintáticos dentro de uma mesma subclasse de predicadores. Os três tipos de objetos da predicação são os seguintes:

Quadro 6 – Objetos da predicação

[+ objeto]	Inerente às substâncias com o traço [+ objeto da operação], que representam formas de uma mesma espécie de objetos e que podem referir-se a uma unidade, mesmo que esta seja compreendida como um conjunto infinito de formas ou propriedades afins; por exemplo, um termo como *flor* é uma substância que têm os traços [+ objeto da operação], [+ real] e [+ objeto], porque pode ser compreendido como uma substância genérica que reúne um conjunto infinito e atemporal de representações possíveis (todas, algumas, uma entre milhares etc.). Ainda que genéricas, as substâncias que têm os traços [+ objeto da operação], [+ real] e [+ objeto] concentram uma unidade *a priori*, que corresponde àquilo que é constante e invariável para que uma representação qualquer possa ser caracterizada como, por exemplo, uma "flor", não importando quaisquer propriedades específicas de flores em particular.

(continua)

(Quadro 6 – conclusão)

[+ evento]	Substâncias marcadas com os traços [+ objeto da operação], [+ real] e [+ evento] correspondem àquelas que, mesmo podendo ser interpretadas como uma unidade em si, concentram um conjunto mentalmente fixo de diversas substâncias que não têm propriedades representacionais comuns. O termo *festa é um* bom exemplo desse tipo de substância, porque sintetiza um conjunto de substâncias distintas entre si, que têm de ocorrer simultaneamente. Numa análise superficial, *festa* é algo que se identifica quando há: pessoas reunidas, comidas específicas, música, bebidas, barulho, alegria, fofoca etc.; cada cultura identifica o conjunto mínimo de substâncias que caracterizam cada evento. Em certas regiões do Brasil, basta uma pequena alteração nos constituintes de uma festa para que ela se torne um velório, como, por exemplo, a substituição de alegria por tristeza.
[+ fato]	Aplica-se ao caso das substâncias que contêm os traços [+ objeto da operação], [- real] e [+ objeto], sendo estas derivadas da transformação de uma substância com o traço [+ operação]. Trata-se, portanto, de orações ou predicações que acabam por se tornar objetos de outras predicações. Os objetos factuais são representados por inúmeros expedientes, sejam nominalizações, sejam orações encaixadas; em que pese o tônus lógico adotado neste levantamento de propriedades classificatórias, consideram-se objetos factuais apenas as orações encaixadas, tendo em vista que as nominalizações apresentam sempre uma ambiguidade operacional no léxico, decorrente da possibilidade de funcionarem ora como [+N] – no caso de *A lavagem que alimenta os porcos* – ora como [+N][+V] – como em *A lavagem do automóvel*. As nominalizações que funcionam apenas como [+N] não se interpretam como [+ fato], e sim como [+ objeto]; gerando a possibilidade de distorcer os resultados da avaliação de subclasses de predicadores; em virtude dessa opção de natureza heurística, as substâncias que têm o traço [+ objeto] podem ser [± real].

Os sete traços lógico-semânticos levantados até agora apresentam formalmente as diferentes instâncias que participam da predicação, assim caracterizando sua natureza cognitiva e seus termos lógicos: o predicando (objeto da operação) e o predicador (a própria operação).

Para além dos valores absolutos de cada representação, toda substância é constituída de propriedades de naturezas as mais diversas, que, quando combinadas entre si, determinam as oposições entre os objetos e operações mentais, tornando-as, portanto, distintas umas das outras. As representações são, na realidade, o somatório de um conjunto de dados justapostos num feixe de traços categoriais de ordem qualitativa, quantitativa e extensional. São tais propriedades que levam os sujeitos a diferenciarem conceitos como sapato, mocassim, sandália, chinelo, pantufa, alpercata, bota, tamanco, tênis, escarpan, sapatilha etc., cada um dos quais distinto dos demais, embora pudessem ser reduzidos a um único conceito: calçado. Detalhes como cadarços, tipo de solado, altura do cano, tipo de couro, tipo de usuário, horário e local de uso, enfim, tudo aquilo que se aprende quando se constrói a representação de cada tipo de calçado é impresso no objeto mental.

As línguas naturais são incapazes de expressar a natureza sintética das substâncias, uma vez que são obrigadas – por força do tipo de sinal empregado na fala – a seccionar as substâncias entre palavras. Por esse motivo, os limites entre as categorias gramaticais e as categorias mentais raramente são coincidentes. Numa frase cujo sujeito seja expresso na forma de 306, empregam-se quatro categorias de palavras para expressar uma única substância mental constituída por categorias como, por exemplo, [+ agentivo], [+ deverbal], [+ operação: (seleção)], [+ plural], [+ situado em X] etc.

306. Alguns jovens eleitores cariocas.

Alguns predicadores expressam operações de análise sobre substâncias, a exemplo de sentenças como 307, nas quais certa propriedade da substância é posta em relevo.

307. Alguns eleitores cariocas são jovens.

Em razão dessa natureza sintética das substâncias, convém acrescentar ao conjunto de traços lógico-semânticos no mínimo um que, genericamente, seja referente à propriedade de as substâncias serem logicamente derivadas de traços qualitativos, quantitativos e extensionais.

$$\text{Se } [+ \text{substância}] \rightarrow [+Z]$$

A expressão citada formaliza o princípio de que toda substância é necessariamente representada mentalmente através de um conjunto Z = {... ...} de propriedades, pressupondo, portanto, um traço [+Z], a exemplo do que já fora abordado no Volume 1 desta coleção. Esse traço não somente alude à constituição sintética de toda substância, como também nos permite formalizar genericamente qualquer propriedade considerada em sua constituição. Sendo Z = {... ...} o conjunto de todas as propriedades possíveis com que opera a mente humana, [+Z] é o traço que representa alguma propriedade de Z = {... ...} adotada na representação de uma substância[33]. Z = {... ...} é constituído por propriedades distribuídas em segmentos responsáveis pela impressão de diferentes noções às substâncias. Do ponto de vista heurístico, a definição desses segmentos pode estar diretamente associada às necessidades imediatas da teoria descritiva a ser aplicada, daí resultando que, apesar de não haver até o momento recursos descritivos capazes de definir a extensão de Z = {... ...}, é possível antecipá-la parcialmente conforme exemplificado a seguir:

i. propriedade constitutiva [+A]: traço que sintetiza genericamente as propriedades quantitativas (tais como altura, comprimento, largura, espessura, forma geométrica e trigonométrica etc.) e qualitativas (tais como valores afetivos);

ii. leitura social [± positivo]: traço que imprime à substância informação sobre a aceitação cultural do conceito correspondente, resultando em [+ positivo] – se a cultura absorve a substância como um valor socialmente aceito e almejado – ou [- positivo] – se a cultura absorve a substância como um valor negativo e marginal;

iii. natureza modal [± possível]: traço que permite ao sujeito imprimir à substância a noção de tangível ([+ possível]) ou meramente imaginária ([- possível]);

iv. estado existencial [- vivo] [+ vivo] → [± humano]: bifurcação do segmento das propriedades constitutivas, cuja finalidade é distinguir substâncias conforme sua capacidade de participarem de operações predicativas; por exemplo, *cair* é um predicador que se conjuga com quaisquer substâncias; já *respirar* se aplica apenas a substâncias com o traço [+ vivo], e *declamar* é aplicado somente a [+ humano];

v. motivação [± intencional]: traço referente à participação dos agentes da predicação. Por exemplo, *enxergar* é um predicador que se aplica a um agente [+ vivo]/[- intencional]; já *contemplar* se aplica com agente [+ vivo]/[+ intencional];

vi. estado existencial [± completo]: **outra bifurcação das propriedades constitutivas, relacionada ao aspecto;**
vii. número potencial [+ extensão]: **traço referente à quantidade de representações considerada na substância;**
viii. situação em T/E [± deslocamento] → [+ percurso] → [+ início do deslocamento] [+ final do deslocamento]: **traços referentes à dimensão espaciotemporal (tempo e espaço) da substância.**

O levantamento descrito não tem a menor pretensão de apresentar, de fato, a extensão total de segmentos de Z = {... ...}, embora seja útil para exemplificar o tipo de segmentação que se pode proceder em Z = {... ...} para atender a fins específicos da aplicação de certas teorias.

Deve-se ressaltar que a disposição dos traços reflete uma anterioridade lógica aproveitável na sintaxe de sua utilização. Desse modo, ao se mencionar doravante [+ objeto da operação], afirma-se de pronto que se pressupõe o traço [+ substância], considerando-se, ao mesmo tempo, quaisquer tipos entre [+ objeto], [+ evento] ou [+ fato]. Por outro lado, ao se mencionar simplesmente um traço como [+ evento], pressupõe-se, apenas, tratar-se de [+ objeto da operação] e [+ substância].

No intuito de melhor aproveitar os traços lógico-semânticos apresentados, convém acrescentar-lhes algum tipo de informação que permita identificar o tipo de participação da substância no processo predicativo. Na medida em que as operações predicativas se definem como relações entre substâncias, mais de uma substância são empregadas em um único ato predicativo, demandando, então, que se especifique qual a função de cada uma. A teoria da gramática tem se preocupado com essa questão, especialmente pelo fato de que, em diversas línguas, os papéis exercidos pelas substâncias na predicação interferem na forma gramatical da sentença, através das variações nos casos gramaticais. A tradição gramatical – na qual se procura associar à forma da sentença a própria representação lógica da predicação – determina que cada categoria sintática (como sujeito, objeto, predicativo etc.) determine *a priori* a verdadeira função lógica da operação predicativa. Já há muito essa tese foi deixada de lado, tendo em vista o fato de que as categorias sintáticas não são imediatamente coincidentes com os papéis lógico-semânticos da predicação.

Um dos trabalhos pioneiros a romper com a tradição gramatical nesse assunto foi o de Halliday (1972), no qual, em busca de uma gramática funcional, apresenta-se uma série de papéis semântico-funcionais, designados *papéis semânticos*. Halliday (1972) assinala, com propriedade, que inexiste isomorfia entre esses papéis e as categorias sintáticas, explicando, desse modo, por que é tão difícil defini-las como "aquilo que pratica a ação", "aquilo que sofre a ação" ou "aquilo a que se destina a ação", conforme já se tentou um dia definir, respectivamente, o sujeito, o objeto direto e o indireto. Como se sabe, o sujeito de uma frase como 308 não é o seu agente, e sim o seu objetivo, uma interpretação tipicamente relacionada ao objeto direto, segundo sua definição clássica.

> 308. O rádio quebrou.

Ainda fortemente influenciado pela tradição gramatical, Halliday (1972) preserva a noção de que a sentença apresenta termos essenciais ou meramente acessórios, no sentido das funções essenciais e integrantes, por um lado, e das funções adjuntas, por outro. Por esse motivo, apresentam-se naquele artigo dois tipos de papéis: os participantes – correspondentes àqueles que figuram entre as categorias sintáticas essenciais ou integrantes, tais como o sujeito, o objeto e os outros complementos – e os não participantes – correspondentes às categorias adjuntas, sejam adnominais ou adverbiais.

Admitindo-se, com Senna (1991b), que a predicação constitui uma síntese de substâncias, todas lógicas e necessárias, a distinção entre papéis participantes ou não participantes é irrelevante e, de certo modo, impertinente. A omissão de papéis semântico-funcionais na sentença, bem como sua distribuição sintática, é controlada pela intenção do sujeito, que interfere sobre o foco da expressão. Desse modo, numa sentença como 309, a propriedade azul é imprescindível às intenções comunicativas do falante, haja vista a precedência de uma modalidade de carro sobre as demais.

> 309. Eu quero um carro azul.

Em 310, a locução adverbial figura como o eixo central do foco da expressão, sendo incabível tratá-la como equivalente a um papel semântico não participante.

> 310. A prova será às 13h.

Com base nisso, serão considerados aqui os papéis semântico-funcionais como traços semântico-funcionais, todos equivalentes em grau e ordem de participação no ato predicativo.

Comparativamente às propriedades de Z = {... ...}, o conjunto de traços semântico-funcionais é bem mais restrito, embora não seja prudente, por ora, afirmar que se restrinjam apenas aos traços a serem empregados aqui:

[+ agente] = próprio da substância que causa o ato contido na predicação;

[+ sensor] = relacionado a agente de uma predicação que analisa uma substância em suas propriedades em Z = {... ...};

[+ objetivo] = próprio de substância sobre a qual o elemento [+ agente] causa a predicação;

[+ beneficiário] = referente a substância à qual se destina o elemento [+ objetivo] da predicação;

[+ instrumento] = referente a substância empregada para realizar a predicação;

[+ lugar onde] = relacionado a substância que determina um ponto no espaço cognitivo em que se referencia a predicação;

[+ fim] = próprio de substância que indica a causa de uma predicação;

[+ ponto em T] = referente a substância que determina um ponto no tempo cognitivo em que se referencia a predicação.

Apresentam-se a seguir os traços lógico-semânticos:

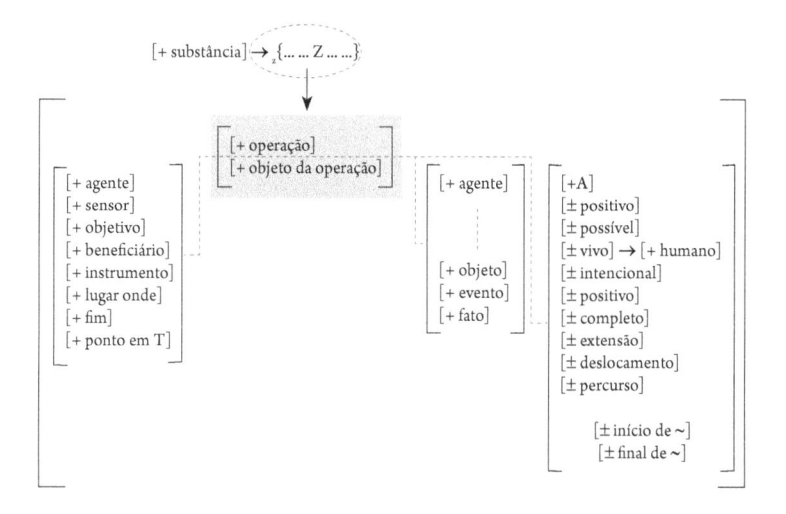

$$[+ \text{substância}] \rightarrow {}_z\{...\ ...\ Z\ ...\ ...\}$$

$$\begin{bmatrix}
\begin{bmatrix} [+ \text{operação}] \\ [+ \text{objeto da operação}] \end{bmatrix} \\
\begin{bmatrix} [+ \text{agente}] \\ [+ \text{sensor}] \\ [+ \text{objetivo}] \\ [+ \text{beneficiário}] \\ [+ \text{instrumento}] \\ [+ \text{lugar onde}] \\ [+ \text{fim}] \\ [+ \text{ponto em T}] \end{bmatrix} \quad \begin{bmatrix} [+ \text{agente}] \\ \\ [+ \text{objeto}] \\ [+ \text{evento}] \\ [+ \text{fato}] \end{bmatrix} \quad \begin{bmatrix} [+A] \\ [\pm \text{positivo}] \\ [\pm \text{possível}] \\ [\pm \text{vivo}] \rightarrow [+ \text{humano}] \\ [\pm \text{intencional}] \\ [\pm \text{positivo}] \\ [\pm \text{completo}] \\ [\pm \text{extensão}] \\ [\pm \text{deslocamento}] \\ [\pm \text{percurso}] \\ \\ [\pm \text{início de} \sim] \\ [\pm \text{final de} \sim] \end{bmatrix}
\end{bmatrix}$$

4.3
Avaliação das classes propostas

Os resultados do confronto entre subclasses semânticas, padrões sintáticos e traços lógico-semânticos apresentam-se a seguir. Tendo em vista o caráter de avaliação que se deseja imprimir, serão apresentadas apenas as subclasses consideradas ambíguas anteriormente, ou seja, aquelas cujos predicadores manifestam-se em sentenças com padrões sintáticos não equivalentes entre si. Trata-se, portanto, das subclasses grifadas com o símbolo ⊗ no Quadro 4.

A sequência de informações apresentadas na análise de cada subclasse é a seguinte: (i) número da subclasse e respectivos padrões sintáticos associados; (ii) representação dos complementos da transitividade, através de traços lógico-semânticos associados aos padrões sintáticos relacionados à subclasse; (iii) exemplos de cada caso; (iv) avaliação final da subclasse, a partir dos critérios apresentados anteriormente.

A fim de tornar a exposição mais clara, as subclasses avaliadas foram previamente agrupadas em duas seções. Na primeira, apresentam-se as subclasses que não demonstraram irregularidades entre os predicadores representados: na seguinte, alocaram-se as subclasses que demonstram irregularidades e necessitaram sofrer ajustes.

4.3.1
Subclasses em situação regular

110 Especificadores existenciais: *sobreviver, ressuscitar, nascer, morrer, desmaiar, acontecer, dar[#se]*.

Padrões sintáticos da classe:
Padrão $^4[\overline{N}\ \_\_\ ]^4$
Padrão $^5[\_\_\ ^X\{\ldots S \ldots\}]^5$
Padrão $^{11}[^X\{\ldots S \ldots\}\ \_\_\ \overline{N}]^{11}$
Padrão $^{24}[\overline{N}\ \#se_{[PROP]}]^{24}$

Representação da transitividade verbal na classe:
a. $NOM_{\{AGENTE:[+objeto]\}}$ ——
b. $NOM_{\{OBJETIVO:[+evento]\}}$ ——
c. $zero[X'\{\ldots S \ldots\}]$ ——

d. __ #SE NOM$_{\{OBJETIVO:[+ evento]\}}$
e. __ #SE zero[X'{... S ...}]
f. NOM$_{\{AGENTE:[+ humano]\}}$ __ ACU$_{\{OBJETIVO:[+ vivo]\}}$ ABL$_{\{INSTRUMENTO:[+ objeto]\}}$
g. NOM$_{\{OBJETIVO:[+ vivo]\}}$ __ ACU$_{\{INSTRUMENTO:[+ objeto]\}}$
h. NOM$_{\{INSTRUMENTO:[+ objeto]\}}$ __ ACU$_{\{OBJETIVO:[+ vivo]\}}$
i. NOM$_{\{INSTRUMENTO:[+ objeto]\}}$ __ [Ind. presente]

311. A filha de Clementina nasceu.
312. Terríveis fatos se deram.
313. Aconteceu que eu me perdi no meio da floresta.
314. Deu-se um longo engarrafamento.
315. E aí, deu-se que todos se levantaram e partiram.
316. Os médicos ressuscitaram a paciente com o desfibrilador.
316a. A paciente ressuscitou com o desfibrilador.
316b. O desfibrilador ressuscitou a paciente.
317. Não se esqueça: na hora da parada cardíaca, o desfibrilador ressuscita!

Embora as variações de transitividade não apresentem motivação para que a classe seja considerada insatisfatória, convém ressaltar a situação do verbo *ressuscitar*, que deve ser remanejado para a classe de número 230.

1201 Operações de arranjo: *ajeitar(#se), arranjar(#se), arrumar(#se)*

Padrões sintáticos da classe:

Padrão ^{8}[N __ $\overline{\text{N}}$]^8
Padrão ^{9}[$\overline{\text{N}}$ __ ^{X}{ __ S __ }]^9
Padrão ^{15}[$\overline{\text{N}}$ __ $\overline{\text{N}}$ Prep1]^{15}
Padrão ^{24}[$\overline{\text{N}}$ __ #se$_{[PROP]}$]^{24}
Padrão ^{25}[$\overline{\text{N}}$ __ #se$_{[PROP]}$ $\overline{\text{Prep2}}$]^{25}

Representação da transitividade verbal na classe:
a. NOM$_{\{AGENTE:[+ humano]\}}$ __ zero[X'{... S ...}]
b. NOM$_{\{AGENTE:[+ humano]\}}$ __ #SE
c. NOM$_{\{AGENTE:[+ humano]\}}$ __ #SE ABL[Prep3]
d. NOM$_{\{AGENTE:[+ humano]\}}$ __ ACU$_{\{OBJETIVO:[+ objeto]\}}$

318. O mordomo arranjou que tudo passasse despercebido.
319. Esse cara se arruinou.
320. O estagiário se ajeitou na firma.
321. O policial arranjou as coisas.

131 Operações analíticas denominativas: *chamar, apelidar, denominar, considerar.*

Padrões sintáticos da classe:
Padrão $^{18}[\overline{N} \underline{\quad} \overline{N}\,\overline{X}_{[+A]}]^{18}$
Padrão $^{20}[\overline{N} \underline{\quad} \overline{N}\,\overline{Prep2}]^{20}$

Representação da transitividade verbal na classe:
a. $NOM_{\{AGENTE:[+humano]\}} \underline{\quad} ACU_{\{OBJETIVO:[+objeto]\}}\ ACU[+A]$
b. $NOM_{\{AGENTE:[+humano]\}} \underline{\quad} ACU_{\{OBJETIVO:[+objeto]\}}\ ACU[PREP2]$

322. Todos consideram aquele cara louco.
323. O pestinha chamou a vizinha de gorda.

133 Operações atributivas internas: *aberrar, horrorizar, abismar, abrandar, acalmar, acostumar.*

Padrões sintáticos da classe:
Padrão $^{8}[\overline{N} \underline{\quad} \overline{N}]^{8}$
Padrão $^{20}[\overline{N} \underline{\quad} \overline{N}\,\overline{Prep2}]^{20}$
Padrão $^{24}[\overline{N} \underline{\quad} \#se_{[PROP]}]^{24}$
Padrão $^{25}[\overline{N} \underline{\quad} \#se_{[PROP]}\,\overline{Prep2}]^{25}$

Representação da transitividade verbal na classe:
a. $NOM_{\{AGENTE:[+objeto]\}} \underline{\quad} ACU_{\{OBJETIVO:[+vivo]\}}$
b. $NOM_{\{OBJETIVO:[+vivo]\}} \underline{\quad} \#SE$
c. $NOM_{\{AGENTE:[+vivo]\}} \underline{\quad} ACU_{\{OBJETIVO:[+vivo]\}}\ ABL[Prep3]$
d. $NOM_{\{OBJETIVO:[+vivo]\}} \underline{\quad} \#SE\ ABL[Prep3]$

324. O filme abismou Tia Filomena.
324a. Tia Filomena horrorizou-se.
325. A professora acostumou a criança com a escola.

325a. A criança acostumou-se com a escola.

200 Operações dinâmicas: *fazer, realizar, executar.*

Padrões sintáticos da classe:
Padrão $^8[\overline{N} \underline{} \overline{N}]^8$
Padrão $^{15}[\overline{N} \underline{} \overline{N\,Prep1}]^{15}$
Padrão $^{23}[\overline{N} \underline{} \overline{N\,Prep3}]^{23}$
Padrão $^{26}[\overline{N} \underline{} \overline{N\,Prep1\,Prep3}]^{26}$

Representação da transitividade verbal na classe:
a. $NOM_{\{AGENTE:[+vivo]\}}$ —— $ACU_{\{OBJETIVO:[+objeto]\}}$ $ABL_{\{INSTRUMENTO:[+objeto]\}}$
b. $NOM_{\{INSTRUMENTO:[+objeto]\}}$ —— $ACU_{\{OBJETIVO:[+objeto]\}}$
c. $NOM_{\{OBJETIVO:[+vivo]\}}$ —— $ACU_{\{OBJETIVO:[+objeto]\}}$ $ABL_{\{INSTRUMENTO:[+objeto]\}}$
d. $DAT_{\{BENEFICIÁRIO:[+objeto]\}}$
e. $NOM_{\{INSTRUMENTO:[+objeto]\}}$ —— $CU_{\{OBJETIVO:[+objeto]\}}$ $DAT_{\{BENEFICIÁRIO:[+objeto]\}}$

326. Eduardo fez seu trabalho com a caneta de João.
327. A operária executou o corte.
328. Pedro realiza tarefas com o formão para a companhia.
329. Esta máquina fez os trabalhos para mim.

Constam, ainda, casos de $\{NOM_{\{AGENTE\}} \underline{}\}$, tais como 330 e 331, que introduzem na classe o padrão $[\overline{N} \underline{}]$, sem prejuízo de sua caracterização.

330. Esse prefeito faz!
331. Aqui o diretor realiza!

201 Operações tipicamente instrumentalizadas: *operar, pilotar, datilografar, radiografar, cozinhar.*

Padrões sintáticos da classe:
Padrão $^4[\overline{N} \underline{}]^4$
Padrão $^8[\overline{N} \underline{} \overline{N}]^8$
Padrão $^{15}[\overline{N} \underline{} \overline{N\,Prep1}]^{15}$

Padrão $^{23}[\overline{N} \underline{\quad} \overline{N} \overline{Prep3}]^{23}$

Representação da transitividade verbal na classe:
a. $NOM_{\{AGENTE:[+humano]\}} \underline{\quad} ACU_{\{OBJETIVO:[+objeto]\}}$
b. $NOM_{\{AGENTE:[+humano]\}} \underline{\quad} ACU_{\{OBJETIVO:[+objeto]\}} ABL_{\{INSTRUMENTO:[+objeto]\}}$
c. $NOM_{\{AGENTE:[+humano]\}} \underline{\quad} ACU_{\{OBJETIVO:[+objeto]\}}$ dbh
d. $NOM_{\{AGENTE:[+humano]\}} \underline{\quad}$

332. Este piloto opera um B-747.
333. Joaquim datilografou sua tese com a IBM.
334. Maria radiografou meu pé para o Dr. Carvalho.
335. Teodora cozinha.

Não é considerado o caso de $\{NOM_{[OBJETIVO:[+objeto]]}\}$, como em 336, que só se usa no português do Brasil quando há gerúndio.

336. Os legumes estão cozinhando.

Ver adiante a classe 2001, criada para acolher as Operações instrumentalizadas de preparação de alimentos.

211 Atividades biológicas: *comer, respirar, beber, tomar, dormir, vomitar, cagar, defecar, suar, mijar, urinar, metabolizar.*

Padrões sintáticos da classe:
Padrão $^{4}[\overline{N} \underline{\quad}]^{4}$
Padrão $^{8}[\overline{N} \underline{\quad} \overline{N}]^{8}$

Representação da transitividade verbal na classe:
a. $NOM_{\{AGENTE:[+vivo]\}} \underline{\quad}$
b. $NOM_{\{AGENTE:[+vivo]\}} \underline{\quad} ACU_{\{OBJETIVO:[+objeto]\}}$

337. Cuidado! Esse bebê vomita depois que come banana!
338. Eu tomo sopa.

212 Operações causativas existenciais: *matar, sufocar, abafar, abalar, abater, curar, alimentar, vitaminar, amamentar, açoitar, bater, debilitar, desnutrir.*

Padrões sintáticos da classe:
Padrão ⁴[N̄ __]⁴
Padrão ⁸[N̄ __ N̄]⁸
Padrão ²⁰[N̄ __ N̄ Prep2]²⁰
Padrão ²⁴[N̄ __ #se_{[PROP]}]²⁴
Padrão ²⁵[N̄ __ #se_{[PROP]} Prep2]²⁵

Representação da transitividade verbal na classe:
a. NOM_{{AGENTE:[+ vivo]}} —— ACU_{{OBJETIVO:[+ vivo]}} ABL_{{INSTRUMENTO:[+ objeto]}}
b. NOM_{{AGENTE:[+ vivo]}} —— #SE
c. NOM_{{AGENTE:[+ vivo]}} —— #SE ABL_{{INSTRUMENTO:[+ objeto]}}
d. NOM_{{INSTRUMENTO:[+ objeto]}} ——
e. NOM_{{INSTRUMENTO:[+ objeto]}} —— ACU_{{OBJETIVO:[+ vivo]}}

339. O bandido matou o policial com uma pedra.
340. A criança sufocou-se.
340a. A criança sufocou-se com um saco plástico.
341. Leite alimenta.
342. O remédio curou o doente.

213 Atividades copulativas ou afetivas: *casar, acasalar, copular, foder, comer, masturbar acalentar, acariciar, namorar, acariciar, alisar, beijar.*

Padrões sintáticos da classe:
Padrão ⁴[N̄ __]⁴
Padrão ⁸[N̄ __ N̄]⁸
Padrão ¹⁹[N̄ __ Prep2]¹⁹
Padrão ²⁴[N̄ __ #se_{[PROP]}]²⁴

Representação da transitividade verbal na classe:
a. NOM_{{AGENTE:[+ vivo]}} —— ACU[Prep2]
b. NOM_{{AGENTE:[+ vivo]}} ——
c. NOM_{{AGENTE:[+ vivo]}} —— #SE
d. NOM_{{AGENTE:[+ vivo]}} —— ACU_{{OBJETIVO:[+vivo]}}

343. João casou com Maria.
343a. João casou.

344. João masturbou-se.
345. João comeu Maria.

2131 Indicadores de empatia: *combinar, dar(#se), afinar(#se), entender(#se), casar.*

Padrões sintáticos da classe:
Padrão $^4[\overline{N} \_\_\_]^4$
Padrão $^{19}[\overline{N} \_\_\_ \overline{Prep2}]^{19}$
Padrão $^{24}[\overline{N} \_\_\_ \#se_{[PROP]}]^{24}$

Representação da transitividade verbal na classe:
a. $NOM_{\{AGENTE:[+vivo]\}}$ —— $ABL[Prep3]$
b. $NOM_{\{AGENTE:[+vivo]\}}$ —— $^{[+plural]} \#SE$
c. $NOM_{\{AGENTE:[+vivo]\}}$ ——

346. Roberval combina com Roberleide.
346a. Roberval e Roberleide se dão.
346b. Roberval e Roberleide casam bem.

214 Estados modalizadores: *querer, dever, desejar, amar, almejar, tencionar, gostar, abominar, adorar, odiar, esperar.*

Padrões sintáticos da classe:
Padrão $^8[\overline{N} \_\_\_ \overline{N}]^8$
Padrão $^9[\overline{N} \_\_\_ {}^X\{... S ...\}]^9$
Padrão $^{19}[\overline{N} \_\_\_ \overline{Prep2}]^{19}$

Representação da transitividade verbal na classe:
a. $NOM_{\{AGENTE:[+vivo]\}}$ —— $ACU_{\{OBJETIVO:[+objeto]\}}$
b. $NOM_{\{AGENTE:[+vivo]\}}$ —— $zero[X'\{... S ...\}]$
c. $NOM_{\{AGENTE:[+vivo]\}}$ —— $ACU[Prep2]$

347. Eu desejo você.
348. Eu quero que você pare com isso.
349. Eu gosto de você.
350. Eliana espera por você.

220 Operadores de expressão: *escrever, falar, dizer, relatar, proferir, ministrar, ensinar, revelar, registrar*

Padrões sintáticos da classe:
Padrão $^4[\overline{N}\ \_\_\ ]^4$
Padrão $^8[\overline{N}\ \_\_\ \overline{N}]^8$
Padrão $^9[\overline{N}\ \_\_\ ^X\{...\ S\ ...\}\ ]^9$
Padrão $^{10}[\overline{N}\ \_\_\ :\overline{S}]^{10}$
Padrão $^{15}[\overline{N}\ \_\_\ \overline{N\ Prep1}]^{15}$
Padrão $^{16}[\overline{N}\ \_\_\ \overline{Prep1}:S]^{16}$
Padrão $^{17}[\overline{N}\ \_\_\ \overline{Prep1}\ ^X\{...\ S\ ...\}]^{17}$

Representação da transitividade verbal na classe:
a. $NOM_{\{AGENTE:[+humano]\}}$ ——
b. $NOM_{\{AGENTE:[+humano]\}}$ —— $ACU_{\{OBJETIVO:[+objeto]\}}$
c. $NOM_{\{AGENTE:[+humano]\}}$ —— $zero[X'\{...\ S\ ...\}]$
d. $NOM_{\{AGENTE:[+humano]\}}$ —— $DAT_{\{BENEFICIÁRIO:[+objeto]\}}$
e. $NOM_{\{AGENTE:[+humano]\}}$ —— $ACU_{\{OBJETIVO:[+objeto]\}}\ DAT_{\{BENEFICIÁRIO:[+objeto]\}}$
f. $NOM_{\{AGENTE:[+humano]\}}$ —— $DAT_{\{BENEFICIÁRIO:[+humano]\}}\ zero[X'\{...\ S\ ...\}]$

351. Zequinha fala.
352. O professor ministrou as aulas.
353. O repórter revelou que havia um plano para matar o Prefeito.
354. Duda Brown escreve para o New York Times.
355. O Ministro proferiu um discurso para os Congressistas.
356. Dedé me disse que ia atrasar.

Ensinar não admite a representação (a), mas não introduz nenhum outro contexto isolado na classe, portanto, não interferindo em sua caracterização.

2201 Ações gramaticais: *acentuar, grifar, hifenizar, parentesar, paragrafar, sublinhar.*

Padrões sintáticos da classe:
Padrão $^4[\overline{N}\ \_\_\ ]^4$
Padrão $^8[\overline{N}\ \_\_\ \overline{N}]^8$

Representação da transitividade verbal na classe:

a. $\text{NOM}_{\{\text{AGENTE}:[+\text{humano}]\}}$ ——
b. $\text{NOM}_{\{\text{AGENTE}:[+\text{humano}]\}}$ —— $\text{ACU}_{\{\text{OBJETIVO}:[+\text{objeto}]\}}$

357. João já acentua.
358. O garoto grifou a palavra "parabéns".

222 Operações denunciativas: *denunciar, delatar, dedurar, acobertar.*

Padrões sintáticos da classe:
Padrão $^4[\overline{N}\ \_\_\ ]^4$
Padrão $^8[\overline{N}\ \_\_\ \overline{N}]^8$
Padrão $^9[\overline{N}\ \_\_\ ^X\{\ ...\ S\ ...\}]^9$
Padrão $^{15}[\overline{N}\ \_\_\ \overline{N\ \text{Prep1}}]^{15}$
Padrão $^{17}[\overline{N}\ \_\_\ \overline{\text{Prep1}}\ ^X\{...\ S\ ...\}]^{17}$
Padrão $^{24}[\overline{N}\ \_\_\ \#\text{se}_{[\text{PROP}]}]^{24}$

Representação da transitividade verbal na classe:

a. $\text{NOM}_{\{\text{AGENTE}:[+\text{vivo}]\}}$ —— $\text{ACU}_{\{\text{OBJETIVO}:[+\text{objeto}]\}}$ $\text{DAT}_{\{\text{BENEFICIÁRIO}:[+\text{vivo}]\}}$
b. $\text{NOM}_{\{\text{AGENTE}:[+\text{vivo}]\}}$ —— $\text{ACU}_{\{\text{OBJETIVO}:[+\text{objeto}]\}}$
c. $\text{NOM}_{\{\text{AGENTE}:[+\text{vivo}]\}}$ —— $\#\text{SE}$
d. $\text{NOM}_{\{\text{AGENTE}:[+\text{vivo}]\}}$ ——
e. $\text{NOM}_{\{\text{AGENTE}:[+\text{vivo}]\}}$ —— $\text{zero}[X'\{...\ S\ ...\}]$
f. $\text{NOM}_{\{\text{AGENTE}:[+\text{vivo}]\}}$ —— $\text{DAT}_{\{\text{BENEFICIÁRIO}:[+\text{vivo}]\}}$ $\text{zero}[X'\{...\ S\ ...\}]$

359. Armando acobertou o desfalque para Arlete.
360. O preso delatou o carcereiro.
361. Os prisioneiros denunciaram-se
362. João dedura.
363. Ernesto denunciou que haveria uma fuga.
363a. Ernesto dedurou para a polícia que haveria uma fuga.

224 Atividades semióticas religiosas: *rezar, orar, ladainhar, ungir, comungar, confessar.*

Padrões sintáticos da classe:
Padrão $^4[\overline{N}\ \_\_\ ]^4$
Padrão $^8[\overline{N}\ \_\_\ \overline{N}]^8$

Padrão $^{19}[\overline{N} \_\_ \overline{Prep2}]^{19}$
Padrão $^{24}[\overline{N} \_\_ \#se_{[PROP]}]^{24}$

Representação da transitividade verbal na classe:
a. $NOM_{\{AGENTE:[+humano]\}}$ —
b. $NOM_{\{AGENTE:[+humano]\}}$ — #SE
c. $NOM_{\{AGENTE:[+humano]\}}$ — $ACU_{\{OBJETIVO:[+objeto]\}}$
d. $NOM_{\{AGENTE:[+humano]\}}$ — $ABL[Prep3]$

364. João confessou hoje.
365. O monge ungiu-se.
366. Eva rezou uma oração.
367. A mãe rezou por seu filho.

230 Operações causativas típicas: *quebrar, pintar, levantar, deformar, limpar, revolver, abrir, fechar, partir, trincar, furar, enriquecer, furar, ressuscitar.*

Padrões sintáticos da classe:
Padrão $^{4}[\overline{N} \_\_]^{4}$
Padrão $^{8}[\overline{N} \_\_ \overline{N}]^{8}$
Padrão $^{20}[\overline{N} \_\_ \overline{N\,Prep2}]^{20}$
Padrão $^{24}[\overline{N} \_\_ \#se_{[PROP]}]^{24}$

Representação da transitividade verbal na classe:
a. $NOM_{\{AGENTE:[+objeto]\}}$ —
b. $NOM_{\{INSTRUMENTO:[+objeto]\}}$ —
c. $NOM_{\{OBJETIVO:[+objeto]\}}$ — #SE
d. $NOM_{\{OBJETIVO:[+objeto]\}}$ —
e. $NOM_{\{AGENTE:[+objeto]\}}$ — $ACU_{\{OBJETIVO:[+objeto]\}}$
f. $NOM_{\{INSTRUMENTO:[+objeto]\}}$ — $ACU_{\{OBJETIVO:[+objeto]\}}$
g. $NOM_{\{AGENTE:[+objeto]\}}$ — $ACU_{\{OBJETIVO:[+objeto]\}}$ $ACU_{\{INSTRUMENTO:[+objeto]\}}$
h. $NOM_{\{OBJETIVO:[+objeto]\}}$ — $ACU_{\{INSTRUMENTO:[+objeto]\}}$

368. A televisão quebrou.
369. O alfinete fura.
370. A bola furou-se.

371. O travesseiro deformou.
372. João trincou a porta.
373. O martelo trincou a porta.
374. João levantou o carro com o macaco.
375. Quica limpa com água sanitária.

231 Operações de união: *unir, rasgar, juntar, separar, romper, reunir, picar, picotar, fatiar, colar, cortar.*

Padrões sintáticos da classe:
Padrão [4][$\overline{N}$ ___][4]
Padrão [8][$\overline{N}$ ___ $\overline{N}$][8]
Padrão [20][$\overline{N}$ ___ $\overline{N}$ Prep2][20]
Padrão [23][$\overline{N}$ ___ $\overline{N}$ Prep3][23]
Padrão [24][$\overline{N}$ ___ #se$_{[PROP]}$][24]
Padrão [28][$\overline{N}$ ___ $\overline{N}$ Prep2 Prep3][28]

Representação da transitividade verbal na classe:
a. $NOM_{\{AGENTE:[+objeto]\}}$ —— $ACU_{\{OBJETIVO:[+objeto]\}}$ $ABL_{\{INSTRUMENTO:[+objeto]\}}$
b. $NOM_{\{AGENTE:[+objeto]\}}$ —— $ACU_{\{OBJETIVO:[+objeto]\}}$ $ABL[Prep3]$ $ABL_{\{INSTRUMENTO:[+objeto]\}}$
c. $NOM_{\{OBJETIVO:[+objeto]\}}$ —— #SE $ABL[Prep3]$ $ABL_{\{INSTRUMENTO:[+objeto]\}}$
d. $NOM_{\{OBJETIVO:[+objeto]\}}$ —— #SE
e. $NOM_{\{OBJETIVO:[+objeto]\}}$ —— #SE $ABL_{\{INSTRUMENTO:[+objeto]\}}$
f. $NOM_{\{INSTRUMENTO:[+objeto]\}}$ ——
g. $NOM_{\{INSTRUMENTO:[+objeto]\}}$ —— $ACU_{\{OBJETIVO:[+objeto]\}}$
h. $NOM_{\{AGENTE:[+objeto]\}}$ —— $ACU_{\{OBJETIVO:[+objeto]\}}$
i. $NOM_{\{AGENTE:[+objeto]\}}$ ——
j. $NOM_{\{AGENTE:[+objeto]\}}$ —— $ACU_{\{OBJETIVO:[+objeto]\}}$ $ABL[Prep3]$

376. João colou a jarra com goma.
377. Pedro colou a figurinha no álbum com durex.
378. A folha separou-se do livro com a queda.
379. A liga rompeu-se.
380. A corda une-se à broca.
381. A tesoura corta.
382. A faca fatia a carne.

383. O pedreiro picotou o papel de parede.
384. O sapateiro cola.
385. Alex separou a sala do banheiro.
386. João uniu as pontas no cabo central.

232 Estados implicativos: *acarretar, implicar, resultar.*

Padrões sintáticos da classe:
Padrão $^4[\overline{N}\ \_\_\ ]^4$
Padrão $^8[\overline{N}\ \_\_\ \overline{N}]^8$
Padrão $^{19}[\overline{N}\ \_\_\ \overline{Prep2}]^{19}$

Representação da transitividade verbal na classe:
a. $NOM_{\{AGENTE:[+\ evento]\}}$ —— $ACU_{\{OBJETIVO:[+\ evento]\ ou\ [+\ objeto]\}}$
b. $NOM_{\{AGENTE:[+\ evento]\}}$ —— $ACU[Prep2]$
c. $NOM_{\{AGENTE:[+\ evento]\}}$ —— $zero[X'\{...\ S\ ...\}]$

387. A guerra acarreta problemas sociais terríveis.
388. Fumaça implica fogo.
389. As lutas sociais resultam em bem-estar coletivo.
390. Sua decisão implicou que a firma foi à falência.

2321 Estados afetativos: *afetar, comprometer, abalar.*

Padrões sintáticos da classe:
Padrão $^8[\overline{N}\ \_\_\ \overline{N}]^8$
Padrão $^{20}[\overline{N}\ \_\_\ \overline{N\ Prep2}]^{20}$
Padrão $^{24}[\overline{N}\ \_\_\ \#se_{[PROP]}]^{24}$
Padrão $^{25}[\overline{N}\ \_\_\ \#se_{[PROP]}\ \overline{Prep2}]^{25}$

Representação da transitividade verbal na classe:
a. $NOM_{\{AGENTE:[+\ objeto]\}}$ —— $ACU_{\{OBJETIVO:[+\ objeto]\}}\ ABL_{\{INSTRUMENTO:[+\ objeto]\ ou\ [+\ evento]\}}$
b. $NOM_{\{OBJETIVO:[+\ objeto]\}}$ —— $\#SE\ ABL_{\{INSTRUMENTO:[+\ objeto]\ ou\ [+\ evento]\}}$
c. $NOM_{\{AGENTE:[+\ objeto]\}}$ —— $ACU_{\{OBJETIVO:[+\ objeto]\}}$
d. $NOM_{\{AGENTE:[+\ objeto]\}}$ —— $\#SE$

391. O biólogo afetou a vegetação com seus testes.
392. A vegetação abalou-se com os testes biológicos.
393. A guerra comprometeu o desenvolvimento do país.
394. As crianças se abalaram.

240 Operações causadoras de movimento simples: *sair, ir, chegar, voltar, descer, viajar, virar*.

Padrões sintáticos da classe:
Padrão $^4[\overline{N} \underline{\quad}]^4$
Padrão $^8[\overline{N} \underline{\quad} \overline{N}]^8$
Padrão $^{22}[\overline{N} \underline{\quad} \overline{Prep3}]^{22}$
Padrão $^{30}[\overline{N} \underline{\quad} \overline{Prep3} \overline{Prep3}]^{30}$

Representação da transitividade verbal na classe:
a. $\text{NOM}_{\{\text{AGENTE}:[+\text{objeto}]\}}$ —
b. $\text{NOM}_{\{\text{AGENTE}:[+\text{objeto}]\}}$ — ABL[Prep3]
c. $\text{NOM}_{\{\text{AGENTE}:[+\text{objeto}]\}}$ — ABL[Prep3] ABL[Prep3]
d. $\text{NOM}_{\{\text{AGENTE}:[+\text{objeto}]\}}$ — ACU[+ lugar onde]

395. Elaine chegou.
396. Elaine foi a São Paulo.
397. Elaine viajou do Rio para São Paulo.
398. Elaine virou a rua.

241 Operações causadoras de movimento composto: *posicionar, colocar, transferir, aboletar(#se), enfiar, jogar, empurrar*.

Padrões sintáticos da classe:
Padrão $^{18}[\overline{N} \underline{\quad} \overline{N} \overline{X}_{[+A]}]^{18}$
Padrão $^{20}[\overline{N} \underline{\quad} \overline{N} \overline{Prep2}]^{20}$
Padrão $^{21}[\overline{N} \underline{\quad} \overline{N} \overline{Prep2} \overline{Prep2}]^{21}$
Padrão $^{24}[\overline{N} \underline{\quad} \#\text{se}_{[\text{PROP}]}]^{24}$
Padrão $^{25}[\overline{N} \underline{\quad} \#\text{se}_{[\text{PROP}]} \overline{Prep2}]^{25}$
Padrão $^{28}[\overline{N} \underline{\quad} \overline{N} \overline{Prep2} \overline{Prep3}]^{28}$
Padrão $^{29}[\overline{N} \underline{\quad} \overline{N} \overline{Prep2} \overline{Prep2} \overline{Prep3}]^{29}$

Representação da transitividade verbal na classe:
a. $NOM_{\{AGENTE:[+objeto]\}}$ —— $ACU_{\{OBJETIVO:[+objeto]\}}$ $ABL[Prep3]$
b. $NOM_{\{OBJETIVO:[+objeto]\}}$ —— #SE $ABL[Prep3]$
c. $NOM_{\{OBJETIVO:[+objeto]\}}$ —— #SE
d. $NOM_{\{OBJETIVO:[+objeto]\}}$ —— #SE $ABL[Prep3]$ $ABL[Prep3]$
e. $NOM_{\{AGENTE:[+objeto]\}}$ —— $ACU_{\{OBJETIVO:[+objeto]\}}$ $ABL[Prep3]$ $ABL[Prep3]$
f. $NOM_{\{AGENTE:[+\ objeto]\}}$ —— $ACU_{\{OBJETIVO:[+\ objeto]\}}$ $ABL[Prep3]$ $ABL[Prep3]$ $ABL_{\{INSTRUMENTO:[+objeto]\}}$

399. O meliante empurrou o cofre com uma alavanca.
400. O corpo estranho posicionou-se no pulmão direito.
401. O foguete posicionou-se.
402. O foguete transferiu-se da órbita da lua para a rota de trânsito.
403. O piloto jogou o foguete da rota de trânsito para uma região desconhecida.
404. O sabotador empurrou os pilotos da sala de controle para o espaço com uma prancha de isopor.

2411 Operação de definição de pontos temporais: *marcar, datar, escalonar.*

Padrões sintáticos da classe:
Padrão ⁸[N̄ __ N̄]⁸
Padrão ¹⁹[N̄ __ Prep2̄]¹⁹
Padrão ²⁰[N̄ __ N̄ Prep2̄]²⁰

Representação da transitividade verbal na classe:
a. $NOM_{\{AGENTE:[+humano]\}}$ —— $ACU_{\{OBJETIVO:[+objeto]\}}$
b. $NOM_{\{AGENTE:[+humano]\}}$ —— $ACU_{\{OBJETIVO:[+objeto]\}}$ $ABL[Prep3]$
c. $NOM_{\{AGENTE:[+humano]\}}$ —— $ABL[Prep3]$

405. Os noivos marcaram o casamento.
406. A empresa escalonou o voo para três de março.
407. José marcou para às três horas.

2412 Operações de deslocamento temporal: *adiar, atrasar, adiantar.*

Padrões sintáticos da classe:

Padrão $^4[\overline{N}\ \_\_\ ]^4$
Padrão $^8[\overline{N}\ \_\_\ \overline{N}]^8$
Padrão $^{19}[\overline{N}\ \_\_\ \overline{Prep2}]^{19}$
Padrão $^{20}[\overline{N}\ \_\_\ \overline{N\ Prep2}]^{20}$
Padrão $^{21}[\overline{N}\ \_\_\ \overline{N\ Prep2}\ \overline{Prep2}]^{21}$
Padrão $^{24}[\overline{N}\ \_\_\ \#se_{[PROP]}]^{24}$
Padrão $^{25}[\overline{N}\ \_\_\ \#se_{[PROP]}\ \overline{Prep2}]^{25}$
Padrão $^{30}[\overline{N}\ \_\_\ \overline{Prep3\ Prep3}]^{30}$

Representação da transitividade verbal na classe:

a. $NOM_{\{AGENTE:[+\ objeto]\}}$ ——
b. $NOM_{\{OBJETIVO:[+\ humano]\}}$ —— #SE
c. $NOM_{\{AGENTE:[+\ humano]\}}$ —— $ACU_{\{OBJETIVO:[+\ objeto]\}}$
d. $NOM_{\{AGENTE:[+\ humano]\}}$ —— $ACU_{\{OBJETIVO:[+\ objeto]\}}$ ABL[Prep3]
e. $NOM_{\{AGENTE:[+\ humano]\}}$ —— $ACU_{\{OBJETIVO:[+\ objeto]\}}$ ABL[Prep3] ABL[Prep3]
f. $NOM_{\{OBJETIVO:[+\ objeto]\}}$ —— ABL[Prep3]
g. $NOM_{\{OBJETIVO:[+\ objeto]\}}$ —— ABL[Prep3] ABL[Prep3]
h. $NOM_{\{OBJETIVO:[+\ objeto]\}}$ —— #SE ABL[Prep3]

408. O show atrasou.
409. José atrasou-se.
410. Pedro adiou o lançamento.
410a. Pedro adiou o lançamento para às cinco horas.
411. O professor adiantou a prova das três horas para uma e trinta.
412. O prova atrasou para às três horas.
413. O voo adiou de cinco para onze horas.
414. O voo atrasou-se para as quatro e trinta.

243 Operações persecutórias: *acompanhar, seguir, perseguir.*

Padrões sintáticos da classe:

Padrão $^8[\overline{N}\ \_\_\ \overline{N}]^8$
Padrão $^{20}[\overline{N}\ \_\_\ \overline{N\ Prep2}]^{20}$

Padrão [21][N̄ ___ N̄ Prep2 Prep2][21]

Representação da transitividade verbal na classe:
a. NOM$_{\{AGENTE:[+objeto]\}}$ —— ACU$_{\{OBJETIVO:[+objeto]\}}$ ABL[Prep3] ABL[Prep3]
b. NOM$_{\{AGENTE:[+objeto]\}}$ —— ACU$_{\{OBJETIVO:[+objeto]\}}$ ABL[Prep3]
c. NOM$_{\{AGENTE:[+objeto]\}}$ —— ACU$_{\{OBJETIVO:[+objeto]\}}$

415. O guarda seguiu o suspeito desde a praia até sua casa.
416. João acompanhou sua namorada até o carro.
417. O cachorro perseguiu o carteiro.

243 Atividades físico-desportivas: *pular, correr, nadar, saltar, voar, andar, caminhar, trotar, cavalgar.*

Padrões sintáticos da classe:
Padrão [4][N̄ ___][4]
Padrão [8][N̄ ___ N̄][8]
Padrão [19][N̄ ___ Prep2][19]
Padrão [20][N̄ ___ N̄ Prep2][20]
Padrão [30][N̄ ___ Prep3 Prep3][29]

Representação da transitividade verbal na classe:
a. NOM$_{\{AGENTE:[+objeto]\}}$ —— ABL[Prep3] ABL[Prep3]
b. NOM$_{\{AGENTE:[+objeto]\}}$ —— ABL[Prep3]
c. NOM$_{\{AGENTE:[+objeto]\}}$ ——
d. NOM$_{\{AGENTE:[+objeto]\}}$ —— ACU$_{\{OBJETIVO:[+objeto]\}}$
e. NOM$_{\{AGENTE:[+objeto]\}}$ —— ACU$_{\{OBJETIVO:[+objeto]\}}$ ABL[Prep3]

418. Zequinha de Abreu correu do Maracanã até a Lagoa.
419. O condor voou para o ninho.
420. O Xuxa nada.
421. O bode pulou a cerca.
422. João nada borboleta.
423. O jóquei cavalgou o Maryland até a linha de chegada.

245 Atos de roubo ou restituição: *roubar, furtar, larapiar, afanar, devolver, restituir, levar, apanhar, abandonar, catar, agarrar.*

Padrões sintáticos da classe:
Padrão [4][$\overline{N}$ ___][4]
Padrão [8][$\overline{N}$ ___ $\overline{N}$][8]
Padrão [15][$\overline{N}$ ___ $\overline{N}$ Prep1][15]
Padrão [19][$\overline{N}$ ___ Prep2][19]
Padrão [20][$\overline{N}$ ___ $\overline{N}$ Prep2][20]
Padrão [26][$\overline{N}$ ___ $\overline{N}$ Prep1 Prep3][26]

Representação da transitividade verbal na classe:
a. $NOM_{\{AGENTE:[+objeto]\}}$ —— $ACU_{\{OBJETIVO:[+objeto]\}} ABL/GEN_{\{ORIGEM:[+objeto]\}} DAT_{\{BENEFICIÁRIO:[+objeto]\}}$
b. $NOM_{\{AGENTE:[+objeto]\}}$ —— $ACU_{\{OBJETIVO:[+objeto]\}} DAT_{\{BENEFICIÁRIO:[+objeto]\}}$
c. $NOM_{\{AGENTE:[+objeto]\}}$ —— $ACU_{\{OBJETIVO:[+objeto]\}}$
d. $NOM_{\{AGENTE:[+humano]\}}$ ——
e. $NOM_{\{AGENTE:[+humano]\}}$ —— $ACU[Prep2]$
f. $NOM_{\{AGENTE:[+objeto]\}}$ —— $ACU_{\{OBJETIVO:[+objeto]\}} ABL/GEN\{ORIGEM:[+objeto]\}$

424. João roubou as joias do banco para a quadrilha de Teréré.
425. João larapiou as joias para sua esposa.
426. O bandidão catou os diamantes.
427. Esse sujeito furta.
428. Alencar rouba dos pobres.
429. Bill roubou o dinheiro da Caixa Econômica.

246 Atos bloqueativos: *prender, soltar, aprisionar, amarrar, acorrentar, livrar, libertar.*

Padrões sintáticos da classe:
Padrão [4][$\overline{N}$ ___][4]
Padrão [18][$\overline{N}$ ___ $\overline{N}$][18]
Padrão [19][$\overline{N}$ ___ Prep2][19]
Padrão [23][$\overline{N}$ ___ $\overline{N}$ Prep3][23]
Padrão [24][$\overline{N}$ ___ #se$_{[PROP]}$][24]

Padrão ²⁵[N̄ ___ #se_[PROP] $\overline{Prep2}$]²⁵

Representação da transitividade verbal na classe:
a. NOM_{AGENTE:[+ objeto]} ─── ACU_{OBJETIVO:[+ objeto]} ABL[Prep3]
b. NOM_{AGENTE:[+ objeto]} ─── ACU_{OBJETIVO:[+ objeto]}
c. NOM ___ #SE
d. NOM_{OBJETIVO:[+ objeto]} ───
e. NOM_{OBJETIVO:[+ objeto]} #SE ABL[Prep3]
f. NOM_{OBJETIVO:[+ objeto]} ─── ABL[Prep3]

430. O lenhador prendeu o urso na árvore.
431. O ecologista libertou o urso.
432. O urso soltou-se.
433. A catraca prendeu.
434. A ave livrou-se da armadilha.
435. A barca desamarrou do píer.

2461 Atos sustentativos: *aguentar, sustentar, suportar.*

Padrões sintáticos da classe:
Padrão ⁴[N̄ ___]⁴
Padrão ⁸[N̄ ___ N̄]⁸
Padrão ²⁵[N̄ ___ #se_[PROP] $\overline{Prep2}$]²⁵

Representação da transitividade verbal na classe:
a. NOM_{AGENTE:[+ objeto]} ─── ACU_{OBJETIVO:[+ objeto]}
b. NOM_{AGENTE:[+ objeto]} ───
c. NOM_{AGENTE:[+ objeto]} ─── ACU_{OBJETIVO:[+ objeto]} ABL_{[+ lugar onde]}

436. Esse carro aguenta muito peso.
437. O carro aguenta.
438. Esse cara se aguenta em pé.

250 Atividade social: *comemorar, festejar, velar, confraternizar, jogar, bebericar.*

Padrões sintáticos da classe:
Padrão ⁴[N̄ ___]⁴

Padrão $^8[\overline{N}\ \_\_\ \overline{N}]^8$
Padrão $^{24}[\overline{N}\ \_\_\ \#se_{[PROP]}]^{24}$

Representação da transitividade verbal na classe:
a. $NOM_{\{AGENTE:[+humano]\}}$ —— $ACU_{\{OBJETIVO:[+objeto]\}}$
b. $NOM_{\{AGENTE:[+humano]\}}$ ——
c. $NOM_{\{AGENTE:[+humano]\}}$ —— #SE
d. $NOM_{\{OBJETIVO:[+objeto]\}}$ —— #SE

439. As pessoas comemoraram o fim da guerra.
440. O povo festejou.
440a. O povo festejou-se.
441. *O povo velou.
441a. *O povo velou-se.
442. *O povo comemorou-se.
443. O povo confraternizou-se.

As restrições quanto à seleção de representações de transitividade não provocam custo para a caracterização da classe, uma vez que não se introduzem contextos isolados.

251 Atividades negociativas: *comprar, dever, vender, adquirir, negociar, leiloar, trocar, substituir, alugar, contratar.*

Padrões sintáticos da classe:
Padrão $^4[\overline{N}\ \_\_\ ]^4$
Padrão $^8[\overline{N}\ \_\_\ \overline{N}]^8$
Padrão $^7[\overline{N}\ \_\_\ \overline{Prep1}]^7$
Padrão $^{15}[\overline{N}\ \_\_\ \overline{N\ Prep1}]^{15}$
Padrão $^{19}[\overline{N}\ \_\_\ \overline{Prep2}]^{19}$
Padrão $^{23}[\overline{N}\ \_\_\ \overline{N\ Prep3}]^{23}$
Padrão $^{26}[\overline{N}\ \_\_\ \overline{N\ Prep1\ Prep3}]^{26}$

Representação da transitividade verbal na classe:
a. $NOM_{\{AGENTE:[+humano]\}}$ —— $ACU_{\{OBJETIVO:[+objeto]\}}$ $DAT_{\{BENEFICIÁRIO:[+objeto]\}}$
b. $NOM_{\{AGENTE:[+humano]\}}$ —— $ACU_{\{OBJETIVO:[+objeto]\}}$
c. $NOM_{\{AGENTE:[+humano]\}}$ —— $ACU_{\{OBJETIVO:[+objeto]\}}$

d. NOM$_{\{AGENTE:[+ humano]\}}$ —
e. NOM$_{\{AGENTE:[+ humano]\}}$ — ACU$_{\{OBJETIVO:[+ objeto]\}}$ ABL[Prep3]
f. NOM$_{\{AGENTE:[+ humano]\}}$ — ACU$_{\{OBJETIVO:[+ objeto]\}}$ ABL[Prep3] DAT$_{\{BENEFICIÁRIO:[+ objeto]\}}$

444. Hércules comprou um diamante para Sofia.
445. Esta empresa aluga automóveis.
446. Este encarregado vende para a Stocklo's.
447. Joana deve.
448. O ministro negociou vantagens com o governo da França.
449. O fazendeiro contratou empregados junto à prefeitura para seu filho.

253 Atividades disputativas: *vencer, perder, disputar, lutar, driblar, pelejar.*

Padrões sintáticos da classe:

Padrão $^4[\overline{N \_\_}]^4$
Padrão $^8[\overline{N \_\_ N}]^8$
Padrão $^{19}[\overline{N \_\_ Prep2}]^{19}$
Padrão $^{20}[\overline{N \_\_ N Prep2}]^{20}$

Representação da transitividade verbal na classe:
a. NOM$_{\{AGENTE:[+ vivo]\}}$ — ACU$_{\{OBJETIVO:[+ objeto]\}}$
b. NOM$_{\{AGENTE:[+ vivo]\}}$ —
c. NOM$_{\{AGENTE:[+ vivo]\}}$ — ACU$_{\{OBJETIVO:[+ objeto]\}}$ ACU[Prep2]
d. NOM$_{\{AGENTE:[+ vivo]\}}$ — ACU[Prep2]

450. O advogado ganhou a causa.
451. O Flamengo perdeu.
452. O lutador disputará o campeonato com Mike.
453. Os aliados ganharam da Alemanha.

255 Formativos culturais: *ensinar, instruir, graduar, formar, bacharelar, acompanhar, incutir, adestrar.*

Padrões sintáticos da classe:
Padrão $^4[\overline{N \_\_}]^4$

Padrão $^8[\overline{N}$ ___ $\overline{N}]^8$
Padrão $^{15}[\overline{N}$ ___ $\overline{N\,Prep1}\,]^{15}$
Padrão $^{17}[\overline{N}$ ___ $\overline{Prep1}\,^X\{\,...\,S\,...\,\}\,]^{17}$
Padrão $^{20}[\overline{N}$ ___ $\overline{N\,Prep2}]^{20}$
Padrão $^{24}[\overline{N}$ ___ $\#se_{[PROP]}]^{24}$
Padrão $^{25}[\overline{N}$ ___ $\#se_{[PROP]}\,\overline{Prep2}]^{25}$

Representação da transitividade verbal na classe:
a. $NOM_{\{AGENTE:[+objeto]\}}$ —— $ACU_{\{OBJETIVO:[+vivo]\}}\,ABL[Prep3]$
b. $NOM_{\{AGENTE:[+objeto]\}}$ —— $ACU_{\{OBJETIVO:[+objeto]\}}\,DAT_{\{BENEFICIÁRIO:[+vivo]\}}$
c. $NOM_{\{AGENTE:[+objeto]\}}$ —— $ACU_{\{OBJETIVO:[+objeto]\}}$
d. $NOM_{\{AGENTE:[+objeto]\}}$ —— $DAT_{\{BENEFICIÁRIO:[+vivo]\}}$
e. $NOM_{\{AGENTE:[+objeto]\}}$ ——
f. $NOM_{\{OBJETIVO:[+objeto]\}}$ —— $\#SE$
g. $NOM_{\{OBJETIVO:[+vivo]\}}$ —— $\#SE\,ABL[Prep3]$
h. $NOM_{\{AGENTE:[+objeto]\}}$ —— $DAT_{\{BENEFICIÁRIO:[+humano]\}}\,zero[X'\{...\,S\,...\}]$

454. O professor formou os alunos em Medicina.
455. Vera ensina matemática para Luiz.
456. Vera forma educadores.
457. Eu ensino para vocês.
458. João graduou.
459. Os alunos instruíram-se.
460. Eva bacharelou-se em Direito.

260 Operações alternativas: *aprender, assimilar, incorporar.*

Padrões sintáticos da classe:
Padrão $^4[\overline{N}$ ___ $]^4$
Padrão $^8[\overline{N}$ ___ $\overline{N}]^8$
Padrão $^9[\overline{N}$ ___ $^X\{\,...\,S\,...\,\}\,]^9$
Padrão $^{23}[\overline{N}$ ___ $\overline{N\,Prep3}]^{23}$

Representação da transitividade verbal na classe:
a. $NOM_{\{AGENTE:[+vivo]\}}$ —— $ACU_{\{OBJETIVO:[+objeto]\}}$
b. $NOM_{\{AGENTE:[+vivo]\}}$ ——
c. $NOM_{\{AGENTE:[+vivo]\}}$ —— $ACU_{\{OBJETIVO:[+objeto]\}}\,ABL[Prep3]$
d. $NOM_{\{AGENTE:[+vivo]\}}$ —— $zero[X'\{...\,S\,...\}]$

461. Os jornais instruíram a população a evitar a dengue.
462. O repórter assimilou a mensagem.
463. As crianças aprendem.
464. Eu incorporei os ensinamentos à minha vida.
465. O vaqueiro aprendeu a laçar o gado.

261 Operações recordativas: *recordar, rememorar, relembrar, lembrar, aclarar, esquecer, fugir.*

Padrões sintáticos da classe:
Padrão [7][$\overline{N}$ __ $\overline{Prep1}$][7]
Padrão [8][$\overline{N}$ __ $\overline{N}$][8]
Padrão [9][$\overline{N}$ __ $^X\{... S ...\}$][9]
Padrão [15][$\overline{N}$ __ $\overline{N}$ $\overline{Prep1}$][15]
Padrão [16][$\overline{N}$ __ $\overline{Prep1}$:S][16]
Padrão [17][$\overline{N}$ __ $\overline{Prep1}$ $^X\{... S ...\}$][17]
Padrão [19][$\overline{N}$ __ $\overline{Prep2}$][19]
Padrão [20][$\overline{N}$ __ $\overline{N}$ $\overline{Prep2}$][20]
Padrão [25][$\overline{N}$ __ #se$_{[PROP]}$ $\overline{Prep2}$][25]
Padrão [31][$\overline{N}$ __ $\{\overline{N}$ ou #se$_{[PROP]}\}$ $\overline{X}\{... S ...\}$][31]

Representação da transitividade verbal na classe:
a. NOM$_{\{AGENTE:[+humano]\}}$ —— ACU$_{\{OBJETIVO:[+objeto]\}}$ DAT$_{\{BENEFICIÁRIO:[+objeto]\}}$
b. NOM$_{\{AGENTE:[+humano]\}}$ —— ACU[Prep2]
c. NOM$_{\{AGENTE:[+humano]\}}$ —— #SE ACU[Prep2]
d. NOM$_{\{AGENTE:[+humano]\}}$ —— zero[X'$\{... S ...\}$]
e. NOM$_{\{AGENTE:[+humano]\}}$ —— #SE zero[X'$\{... S ...\}$]
f. NOM$_{\{AGENTE:[+humano]\}}$ —— DAT$_{\{BENEFICIÁRIO:[+objeto]\}}$ zero[X'$\{... S ...\}$]
g. NOM$_{\{OBJETIVO:[+objeto]\}}$ —— DAT$_{\{BENEFICIÁRIO:[+objeto]\}}$
h. NOM$_{\{AGENTE:[+humano]\}}$ —— ACU$_{\{OBJETIVO:[+objeto]\}}$
i. NOM$_{\{AGENTE:[+humano]\}}$ —— ACU$_{\{OBJETIVO:[+objeto]\}}$ ACU[PREP2]
j. NOM$_{\{AGENTE:[+humano]\}}$ —— ACU$_{\{OBJETIVO:[+objeto]\}}$ zero[X'$\{... S ...\}$]

466. Minha secretária lembrou-me o encontro.
467. João lembrou da festa.
468. O homem lembrou-se de que deveria ir ao banco.
469. Eu esqueci que ia viajar.

470. João se lembrou que era tarde.
471. Ana me relembrou que amanhã será dia de prova.
472. A prova fugiu-me. (≈ Ter esquecido da prova.)
473. Todos recordaram a festa.
474. Edu rememorou João de suas obrigações.
475. Edu recordou Teresa que a noite ainda era uma criança.

2621 Atos conscienciativos: *conscientizar, acordar.*

Padrões sintáticos da classe:
Padrão $^8[\overline{N}\_\_\_\overline{N}]^8$
Padrão $^{19}[\overline{N}\_\_\_\overline{Prep2}]^{19}$
Padrão $^{20}[\overline{N}\_\_\_\overline{N\,Prep2}]^{20}$
Padrão $^{24}[\overline{N}\_\_\_\#se_{[PROP]}]^{24}$
Padrão $^{25}[\overline{N}\_\_\_\#se_{[PROP]}\,\overline{Prep2}]^{25}$
Padrão $^{31}[\overline{N}\_\_\_\{\overline{N}\text{ ou }\#se_{[PROP]}\}^X\{...\,S\,...\}]^{31}$

Representação da transitividade verbal na classe:
a. $\text{NOM}_{\{\text{AGENTE:}[+\text{humano}]\text{ ou }[+\text{evento}]\}}$ —— $\text{ACU}_{\{\text{OBJETIVO:}[+\text{humano}]\}}$ ACU[Prep2]
b. $\text{NOM}_{\{\text{AGENTE:}[+\text{humano}]\text{ ou }[+\text{evento}]\}}$ —— $\text{ACU}_{\{\text{OBJETIVO:}[+\text{humano}]\}}$
c. $\text{NOM}_{\{\text{OBJETIVO:}[+\text{humano}]\}}$ —— #SE ABL[Prep3]
d. $\text{NOM}_{\{\text{OBJETIVO:}[+\text{humano}]\}}$ —— #SE zero[X′{... S ...}]
e. $\text{NOM}_{\{\text{OBJETIVO:}[+\text{humano}]\}}$ —— ABL[Prep3]
f. $\text{NOM}_{\{\text{AGENTE:}[+\text{humano}]\}}$ —— #SE

476. O governo conscientizou o povo dos riscos da dengue.
476a. O governo conscientizou o povo.
477. O povo conscientizou-se dos riscos.
477a. O povo se conscientizou que era hora de agir.
477b. O povo acordou para o problema.
477c. O povo conscientizou-se

263 Atos optativos: *optar, votar, decidir, acatar, concordar.*

Padrões sintáticos da classe:
Padrão $^4[\overline{N}\_\_\_]^4$
Padrão $^8[\overline{N}\_\_\_\overline{N}]^8$

Padrão $^9[\overline{N}\underline{\quad}{}^X\{...S...\}]^9$
Padrão $^{19}[\overline{N}\underline{\quad}\overline{Prep2}]^{19}$
Padrão $^{22}[\overline{N}\underline{\quad}\overline{Prep3}]^{22}$
Padrão $^{23}[\overline{N}\underline{\quad}\overline{N\,Prep3}]^{23}$

Representação da transitividade verbal na classe:

a. $NOM_{\{AGENTE:[+humano]\}}$ —— $ABL[Prep3]$
b. $NOM_{\{AGENTE:[+humano]\}}$ ——
c. $NOM_{\{AGENTE:[+humano]\}}$ —— $ACU_{\{OBJETIVO:[+objeto]\}}\,ABL[Prep3]$
d. $NOM_{\{AGENTE:[+humano]\}}$ —— $zero[X'\{...S...\}]$
e. $NOM_{\{AGENTE:[+humano]\}}$ —— $ACU_{\{OBJETIVO:[+objeto]\}}$
f. $NOM_{\{AGENTE:[+humano]\}}$ —— $ACU[Prep2]$

478. O deputado optou pela reeleição.
479. O povo decidiu.
480. Todos acataram a decisão pela reeleição.
481. O conselho votou que seria necessária nova consulta.
482. Todos acataram a reeleição.
483. Eu concordei com você.

270 Atos avaliativos: *acertar, errar.*

Padrões sintáticos da classe:

Padrão $^4[\overline{N}\underline{\quad}]^4$
Padrão $^8[\overline{N}\underline{\quad}\overline{N}]^8$
Padrão $^9[\overline{N}\underline{\quad}{}^X\{...S...\}]^9$

Representação da transitividade verbal na classe:

a. $NOM_{\{AGENTE:[+vivo]\}}$ —— $ACU_{\{OBJETIVO:[+objeto]\}}$
b. $NOM_{\{AGENTE:[+vivo]\}}$ ——
c. $NOM_{\{AGENTE:[+vivo]\}}$ —— $zero[X'\{...S...\}]$

484. O estudante acertou a prova toda.
485. Você errou.
486. O visionário acertou que a guerra ia acabar em 1945.

271 Atos decretativos: *abençoar, abonar, avaliar, sentenciar, proibir, abolir, proclamar, decretar.*

Padrões sintáticos da classe:
Padrão $^8[\overline{N} \_\_ \overline{N}]^8$
Padrão $^9[\overline{N} \_\_ {}^X\{... S ...\}]^9$
Padrão $^{23}[\overline{N} \_\_ \overline{N\ Prep3}]^{23}$

Representação da transitividade verbal na classe:
a. $NOM_{\{AGENTE:[+humano]\}} \_\_ ACU_{\{OBJETIVO:[+objeto]\}} ABL_{\{INSTRUMENTO:[+objeto]\}}$
b. $NOM_{\{AGENTE:[+humano]\}} \_\_ ACU_{\{OBJETIVO:[+objeto]\}}$
c. $NOM_{\{AGENTE:[+humano]\}} \_\_ zero[X'\{... S ...\}]$

487. O padre abençoou o cristão pelo seu casamento.
488. O juiz proibiu o filme.
489. O Estado decretou que haveria feriado.

272 Ações qualificadas I: *abusar, desperdiçar, economizar, gastar, reter.*

Padrões sintáticos da classe:
Padrão $^4[\overline{N} \_\_]^4$
Padrão $^8[\overline{N} \_\_ \overline{N}]^8$
Padrão $^{19}[\overline{N} \_\_ \overline{Prep2}]^{19}$
Padrão $^{22}[\overline{N} \_\_ \overline{Prep3}]^{22}$

Representação da transitividade verbal na classe:
a. $NOM_{\{AGENTE:[+humano]\}} \_\_ ACU[Prep2]$
b. $NOM_{\{AGENTE:[+humano]\}} \_\_$
c. $NOM_{\{AGENTE:[+humano]\}} \_\_ ACU_{\{OBJETIVO:[+objeto]\}}$
d. $NOM_{\{AGENTE:[+humano]\}} \_\_ ACU_{\{OBJETIVO:[+objeto]\}} ABL_{\{INSTRUMENTO:[+objeto]\}}$

490. Omar abusou de Mara.
491. José gasta.
492. Omar reteve toda a água.
493. Omar desperdiçou sua vida com o tóxico.

2721 Ações qualificadas II: *humilhar, achacar, desfazer.*

Padrões sintáticos da classe:
Padrão $^4[\overline{N} \_\_]^4$
Padrão $^8[\overline{N} \_\_ \overline{N}]^8$
Padrão $^{19}[\overline{N} \_\_ \overline{Prep2}]^{19}$
Padrão $^{23}[\overline{N} \_\_ \overline{N}\,\overline{Prep3}]^{23}$

Representação da transitividade verbal na classe:
a. $NOM_{\{AGENTE:[+humano]\}}$ —— $ACU_{\{OBJETIVO:[+vivo]\}}$ $ABL[Prep3]$
b. $NOM_{\{AGENTE:[+humano]\}}$ —— $ACU_{\{OBJETIVO:[+vivo]\}}$
c. $NOM_{\{AGENTE:[+humano]\}}$ —— $ABL[Prep3]$
d. $NOM_{\{INSTRUMENTO:[+objeto]\}}$ ——
e. $NOM_{\{AGENTE:[+humano]\}}$ —— $ACU[Prep2]\,ABL[Prep3]$
f. $NOM_{\{AGENTE:[+humano]\}}$ —— $ACU[Prep2]$

494. O soldado humilhou o preso com injúrias.
495. O ditador achacou a população.
496. Os ditadores humilham com a tortura psicológica.
497. A pobreza humilha.
498. Os ricos desfazem dos pobres com o seu desdém.
498a. Os ricos desfazem dos pobres.

4.3.2
Subclasses em situação irregular

132 Operações atributivas externas: *eleger, deixar, diminuir, abarrotar, abastecer, esvaziar, encher, adicionar, erguer, abaixar, comprimir.*

Padrões sintáticos da classe:
Padrão $^4[\overline{N} \_\_]^4$
Padrão $^8[\overline{N} \_\_ \overline{N}]^8$
Padrão $^{13}[\overline{N} \_\_ \overline{X}_{[+A]}]^{13}$
Padrão $^{18}[\overline{N} \_\_ \overline{N}\,\overline{X}_{[+A]}]^{18}$
Padrão $^{23}[\overline{N} \_\_ \overline{N}\,\overline{Prep3}]^{23}$

Representação da transitividade verbal na classe:

a. $\text{NOM}_{\{\text{AGENTE}:[+\text{vivo}]\}}$ —— $\text{ACU}_{\{\text{OBJETIVO}:[+\text{objeto}]\}}$ $\text{ACU}:[+\text{A}]$
b. $\text{NOM}_{\{\text{AGENTE}:[+\text{vivo}]\}}$ —— $\text{ACU}_{\{\text{OBJETIVO}:[+\text{objeto}]\}}$
c. $\text{NOM}_{\{\text{AGENTE}:[+\text{vivo}]\}}$ —— $\text{ACU}\{\text{OBJETIVO}:[+\text{objeto}^{[+\text{A}]}]\}$
d. $\text{NOM}_{\{\text{OBJETIVO}:[+\text{vivo}]\}}$ ——
e. $\text{NOM}_{\{\text{AGENTE}:[+\text{vivo}]\}}$ —— $\text{ACU}_{\{\text{OBJETIVO}:[+\text{objeto}]\}}$ $\text{ABL}[\text{Prep3}]$
f. $\text{NOM}_{\{\text{OBJETIVO}:[+\text{objeto}]\}}$ —— #SE
g. $\text{NOM}_{\{\text{AGENTE}:[+\text{objeto}]\}}$ —— #SE

499. A população elegeu Bueno o Prefeito.
500. A garotada deixou a casa suja.
501. A população elegeu o melhor shopping.
502. ??? A garotada deixou a casa. (Não pertence a esta classe.)
503. José diminuiu a mesa.
504. A população elegeu o prefeito.
505. A mesa diminuiu.
506. A população elegeu o bar como ponto de lazer.
507. A garotada deixou a casa como um chiqueiro.
508. A firma abasteceu o hospital com água.
509. José elegeu-se.
510. A piscina esvaziou-se.
511. A firma abasteceu-se.

As diferentes transitividades não demonstram haver mera opção por distribuição de complementos. Os diferentes comportamentos dos verbos da classe não podem ser adequadamente previstos, assim demonstrando que a classe deve ser desmembrada em cinco: i. 132: *diminuir, aumentar, encolher, esticar*; ii. 1321: *esvaziar, encher, erguer, abaixar, comprimir*; iii. 1322: *abarrotar, abastecer, entupir*; iv. 1323: *eleger, escolher, nomear*; v. 1324: *deixar*.

210 Operações de percepção básica: *ver, ouvir, sentir, escutar, perceber, achar, encontrar, olhar.*

Padrões sintáticos da classe:

Padrão $^4[\overline{\text{N}}\ \_\_\ ]^4$
Padrão $^8[\overline{\text{N}}\ \_\_\ \overline{\text{N}}]^8$
Padrão $^9[\overline{\text{N}}\ \_\_\ ^X\{...\ \text{S}\ ...\}]^9$

Representação da transitividade verbal na classe:
a. $NOM_{\{AGENTE:[+vivo]\}}$ —— $ACU_{\{OBJETIVO:[+objeto]\}}$
b. $NOM_{\{AGENTE:[+vivo]\}}$ ——
c. $NOM_{\{AGENTE:[+vivo]\}}$ —— $zero[X'\{...S...\}]$

512. Eu vi o cometa.
513. Eu achei uma carteira.
514. Esse menino escuta?
514a.*Esse menino sente?
515. Eu ouvi que Ana está com catapora.
516. ??? Eu acho que Ana esta com catapora. (Pertence a outra classe.)
517. Eu percebi que Ana está com catapora.
517a.*Eu olhei que Ana está com catapora.

As variações de transitividade demonstram que os verbos têm comportamentos bastante diferentes entre si, não havendo motivação para mantê-los numa só classe. Apesar de se relacionarem a um mesmo campo semântico, as diferentes predicações ligadas à percepção são distribuídas de forma diferente na representação cognitiva, variando em pelo menos três classes distintas: (i) 210: *ver, olhar, enxergar* (restritos apenas ao sentido da visão); (ii) 210: *ouvir, escutar, sentir, perceber* (e *ver, enxergar* – usados no sentido de *perceber)*; (iii) 2102: *achar, encontrar, localizar, identificar*.

223 Atividades semióticas primárias: *cantar, palrar, mugir, dançar, tocar, latir.*

Padrões sintáticos da classe:
Padrão $^4[\overline{N}\ \_\_\ ]^4$
Padrão $^7[\overline{N}\ \_\_\ \overline{Prep1}]^7$
Padrão $^8[\overline{N}\ \_\_\ \overline{N}]^8$
Padrão $^{15}[\overline{N}\ \_\_\ \overline{N\,Prep1}]^{15}$

Representação da transitividade verbal na classe:

a. $\text{NOM}_{\{\text{AGENTE}:[+\text{vivo}]\}}$ —
b. $\text{NOM}_{\{\text{AGENTE}:[+\text{vivo}]\}}$ — $\text{ACU}_{\{\text{OBJETIVO}:[+\text{objeto}]\}}$
c. $\text{NOM}_{\{\text{AGENTE}:[+\text{vivo}]\}}$ — $\text{DAT}_{\{\text{BENEFICIÁRIO}:[+\text{humano}]\}}$
d. $\text{NOM}_{\{\text{AGENTE}:[+\text{vivo}]\}}$ — $\text{ACU}_{\{\text{OBJETIVO}:[+\text{objeto}]\}}$ $\text{DAT}_{\{\text{BENEFICIÁRIO}:[+\text{humano}]\}}$

518. Esse passarinho canta.
519. Lucas dança rumba.
520. *A vaca mugiu um adeus.
521. O cachorro latiu para o carteiro.
522. Mozart tocou para o Imperador.
523. *O passarinho palrou um canto para seu dono.
524. Mozart tocou uma peça para a Imperatriz.

As variações de transitividade demonstram que existem graus diferentes de atividades semióticas primárias, que as dividem entre: (i) 223: *palrar, mugir, latir* e *cantar* ([- humano]); (ii) 2231: *cantar, dançar, tocar* (todos [+ humano]).

2532 Atividades auxiliativas: *ajudar, auxiliar, atentar, consolar, apoiar.*

Padrões sintáticos da classe:
Padrão $^4[\overline{\text{N}} \_\_]^4$
Padrão $^5[\_\_ ^X\{... \text{S} ...\}]^5$
Padrão $^8[\overline{\text{N}} \_\_ \overline{\text{N}}]^8$
Padrão $^{24}[\overline{\text{N}} \_\_ \#\text{se}_{[\text{PROP}]}]^{24}$
Padrão $^{25}[\overline{\text{N}} \_\_ \#\text{se}_{[\text{PROP}]} \overline{\text{Prep2}}]^{25}$

Representação da transitividade verbal na classe:

a. $\text{NOM}_{\{\text{AGENTE}:[+\text{objeto}]\}}$ — $\text{ACU}_{\{\text{OBJETIVO}:[+\text{objeto}]\}}$ $\text{ACU}[\text{Prep2}]$
b. $\text{NOM}_{\{\text{AGENTE}:[+\text{objeto}]\}}$ — $\text{ACU}_{\{\text{OBJETIVO}:[+\text{objeto}]\}}$
c. $\text{NOM}_{\{\text{AGENTE}:[+\text{objeto}]\}}$ — $\text{ACU}[\text{Prep2}]$
d. $\text{NOM}_{\{\text{AGENTE}:[+\text{objeto}]\}}$ — #SE
e. $\text{NOM}_{\{\text{AGENTE}:[+\text{objeto}]\}}$ — #SE ABL[Prep3]
f. $\text{NOM}_{\{\text{AGENTE}:[+\text{objeto}]\}}$ —

525. Jonas ajudou Ana em sua prova.
525a. Jonas ajudou Ana a fazer a prova.
526. Jonas consolou Ana por sua dor.
526a.*Jonas consolou Ana a passar sua dor.
526b. Jonas apoiou Ana.
526c. Jonas consolou Ana.
527. *Jonas apoia a fazer a prova.
527a. Jonas auxilia a fazer aprova.
527b.*Jonas consola a fazer a prova.
528. Jonas se apoia.
528a. Jonas se consolou.
529. Jonas se auxiliou no tratamento.
530. *Jonas se consolou pelo ocorrido.
531. Jonas ajuda.
532. Remédio ajuda.
533. Carinho consola.

As variações de transitividade apresentam motivação para que a classe seja considerada insatisfatória. Segundo o observado, deveria ser desmembrada em: (i) 2532: *ajudar, auxiliar*; (ii) 2533: *alentar, consolar e apoiar* (interpretado como *consolar*).

262 Operações lógico-cognitivas: *classificar, analisar, achar, estudar, supor, corrigir, suspeitar, somar, multiplicar, descrever, sintetizar, resumir, concluir, julgar.*

Padrões sintáticos da classe:
Padrão $^4[\overline{N}\ \_\_\ ]^4$
Padrão $^8[\overline{N}\ \_\_\ \overline{N}]^8$
Padrão $^9[\overline{N}\ \_\_\ ^X\{\ ...\ S\ ...\ \}]^9$
Padrão $^{15}[\overline{N}\ \_\_\ \overline{N\ Prep1}]^{15}$
Padrão $^{23}[\overline{N}\ \_\_\ \overline{N\ Prep3}]^{23}$
Padrão $^{26}[\overline{N}\ \_\_\ \overline{N\ Prep1\ Prep3}]^{26}$

Representação da transitividade verbal na classe:
a. $\text{NOM}_{\{\text{AGENTE:}[+\text{objeto}]\}}$ —— $\text{ACU}_{\{\text{OBJETIVO:}[+\text{objeto}]\}}$ $\text{DAT}_{\{\text{BENEFICIÁRIO:}[+\text{objeto}]\}}$
$\text{ABL}_{\{\text{INSTRUMENTO:}[+\text{objeto}]\}}$

b. NOM$_{\{AGENTE:[+objeto]\}}$ —— ACU$_{\{OBJETIVO:[+objeto]\}}$ DAT$_{\{BENEFICIÁRIO:[+objeto]\}}$
c. NOM$_{\{AGENTE:[+objeto]\}}$ —— ACU$_{\{OBJETIVO:[+objeto]\}}$
d. NOM$_{\{AGENTE:[+objeto]\}}$ ——
e. NOM$_{\{INSTRUMENTO:[+objeto]\}}$ ——
f. NOM$_{\{AGENTE:[+humano]\}}$ —— zero[X'{... S ...}]
g. NOM$_{\{AGENTE:[+objeto]\}}$ —— ACU$_{\{OBJETIVO:[+objeto]\}}$ ABL[Prep3]

534. João somou as faturas para mim com a calculadora.
534a. *João achou as faturas para mim com a calculadora.
535. O computador ordenou os nomes para o concurso.
536. João classifica palavras.
537. *João suspeita coisas.
538. João multiplica.
539. João descreve.
540. *João acha.
541. A calculadora soma.
542. *João multiplica que será possível.
542a. João acha que será possível.
543. João multiplicou três por quatro.

As variações de transitividade apresentam motivação para que a classe seja considerada insatisfatória, devendo ser desmembrada em: (i) 262: *classificar, analisar, achar, estudar*; (ii) 2622: *somar, multiplicar, racionalizar*; (iii) 2623: *concluir, supor, achar, julgar*.

4.3.3
Subclasses e idiossincrasias lexicais

Em relação à descrição da subclasse 201 (operações tipicamente instrumentalizadas), observou-se o caso do verbo *cozinhar*, o qual apresenta um desvio quanto à representação de sua transitividade quando em sentenças formadas por [*esta*- V-*ndo*].

544. Esses legumes estão cozinhando.

No contexto daquela subclasse de verbos, o desvio apresentado por *cozinhar* consistia na possibilidade de seu complemento objetivo poder figurar na posição de nominativo sujeito, algo não compartilhado pelos demais verbos da mesma subclasse. Ao longo do processo de avaliação, foram observados casos similares de desvio no padrão de transitividade de determinadas classes, os quais motivaram o seu desmembramento em outras, mais específicas. Em que pese ser procedente o desmembramento de subclasses em que se verifiquem casos desse tipo, o caso de *cozinhar* não foi considerado relevante para o desmembramento de 201, uma vez tratar-se de um comportamento isolado, mesmo entre os usos daquele mesmo verbo, diretamente condicionado a certo contexto frasal específico.

Todavia, ainda que se preserve a formulação original da subclasse 201, há que se considerar o elemento [*cozinha-*], o qual aponta para uma questão de absoluta relevância para a teoria da gramática e para as doutrinas descritivas: a interferência de fatores idiossincrásicos sobre o léxico com reflexo imediato sobre a distribuição dos termos da sentença. Para ilustrar essa questão, consideremos não somente [*cozinha-*], mas também outros predicadores do mesmo campo semântico não incluídos no *corpus* com que se derivaram as subclasses no estudo aqui apresentado. São eles: *cozinhar, fritar, refogar, cozer, coar, assar, tostar, ferver, temperar, marinar, flambar* e *empanar*.

Do ponto de vista estritamente sintático, todos os verbos do campo semântico de [*cozinha-*] comportam-se como os verbos da subclasse 201, conforme transcrito a seguir:

Padrões sintáticos do campo [*cozinha-*]:

Padrão [4][$\overline{N \_\_}$][4]
Padrão [8][$\overline{N \_\_ N}$][8]
Padrão [15][$\overline{N \_\_ N \text{ Prep1}}$][15]
Padrão [23][$\overline{N \_\_ N \text{ Prep3}}$][23]

Entretanto, ao se considerarem os contextos de transitividade que descrevem sua distribuição na sentença, os verbos têm um comportamento singular, não apenas em confronto com os de 201, como também entre si. O Quadro 7 demonstra esse caso:

Quadro 7 – Esquemas de transitividade e a classe 201

Comum a 201	Esquemas de transitividade	Cozinhar	Fritar	Refogar	Cozer	Coar	Assar	Tostar	Ferver	Temperar	Marinar	Flambar	Empanar
Sim	NOM[agente]__	+	-	-	-	-	-	-	-	-	-	-	-
Não	NOM[objetivo] esta- V-ndo	+	+	+	+	+	+	+	+	-	+	-	-
Não	NOM[objetivo] não V[indicat. perfeito]	+	+	+	+	+	+	+	+	+	-	-	-
Não	NOM[objetivo] V[indicat. perfeito]	+	+	+	-	+	+	+	+	+	-	-	-
Sim	NOM[agente]__ ACU[objetivo] ABL[instrumento]	+	+	+	+	-	-	-	-	+	-	+	+
Não	NOM[objetivo]__ ABL[instrumento]	-	+	+	+	-	-	-	-	-	-	-	-
Não	NOM[instrumento]__ ACU[objetivo]	+	+	+	+	+	+	+	+	+	+	+	-
		A	B	C	D	E	E	E	E	F	G	H	I

Aparentemente, a distribuição dos verbos no Quadro 7 entre os esquemas de transitividade sugere que, por um lado, seja conveniente desmembrá-los da subclasse 201, mas, por outro, seja extremamente difícil justificá-los em uma outra subclasse específica. Segundo as combinações de traços verificadas, poderiam ser propostos, por exemplo, nove subclasses distintas: A, B, C, D, E, F, G, H e I. Todavia, ao se considerarem essas nove subclasses de verbos, despreza-se o fato de que, do ponto de vista lógico-semântico, todos os verbos vinculam-se a um único campo semântico e envolvem potencialmente os mesmos termos, tanto do ponto de vista de sua natureza quanto do de sua função na predicação. Assim, apesar de satisfazer adequadamente os interesses específicos da descrição gramatical, as nove subclasses acabam por se tornarem artificiais.

O caso dos verbos ora analisados bem exemplifica a influência de fatores idiossincrásicos sobre o uso de itens lexicais, sob controle, nesse caso, de fatores pragmático-discursivos não regidos por quaisquer determinações lógico-gramaticais. Certamente, tais fatores interferem igualmente sobre todas as demais subclasses, imputando à teoria da gramática a responsabilidade por absorvê-las, a despeito dos possíveis prejuízos à concepção de sistemas formais com que se busca dar corpo às gramáticas.

Em favor do respeito ao lugar das idiossincrasias lexicais determinadas por fatores pragmáticos, é possível, então, a criação de uma única subclasse, que englobe todos os verbos associados à preparação de alimentos. Pode-se denominar essa subclasse como *2011 – Operações instrumentalizadas de preparação de alimentos.*

4.4
Quadro final de classes atualizadas

Após a conclusão do processo de avaliação das subclasses de verbos, constata-se que apenas seis das 72 subclasses anteriormente propostas apresentaram problemas, o que corresponde a cerca de apenas 8% do total. Esse percentual contraria muito a previsão anterior de classes irregulares, definida a partir de fatores estritamente sintáticos (cerca de 74,2%). A esta altura, já é possível afirmar com pouca margem de risco que as subclasses propostas são procedentes, tendo em vista que o processo de sua avaliação não chegou a identificar nenhuma classe que devesse ser excluída ou radicalmente alterada em suas propriedades. Ao contrário, todas as novas classes agregadas ao conjunto anterior resultam de recortes específicos dentro de classes particularmente qualificáveis como abrangentes, motivo pelo qual resultaram apenas desdobramentos das classes já existentes.

O novo conjunto de subclasses verbais vem acrescido de 10, resultantes de modificações no arranjo de verbos das seguintes classes: 132, 210, 223, 2532 e 262. As novas classes têm a seguinte descrição:

132 Operações atributivas externas I

Predicadores que expressam o ato de imprimir a um objeto qualquer certa propriedade que é perceptível, seja em sua constituição física, seja através de vestígios externos não propriamente agregados aos objetos.

Exemplos: *diminuir, aumentar, encolher, esticar, amassar.*

Padrões sintáticos da classe:

Padrão $^4[\overline{N}\ \_\_\ ]^4$
Padrão $^8[\overline{N}\ \_\_\ \overline{N}]^8$
Padrão $^{24}[\overline{N}\ \_\_\ \#SE_{[prop]}]^{24}$

Representação da transitividade verbal na classe:
a. $\text{NOM}_{\{\text{AGENTE}:[+\text{vivo}]\}}$ —— $\text{ACU}_{\{\text{OBJETIVO}:[+\text{objeto}]\}}$
b. $\text{NOM}_{\{\text{OBJETIVO}:[+\text{vivo}]\}}$ ——
c. $\text{NOM}_{\{\text{AGENTE}:[+\text{objeto}]\}}$ ——
d. $\text{NOM}_{\{\text{OBJETIVO}:[+\text{objeto}]\}}$ —— #SE

545. José diminuiu a mesa.
546. Esse papel estica.
547. A mesa diminuiu.

510. A piscina esvaziou-se.

1321 Operações atributivas externas II

Predicadores que expressam o ato de imprimir a um objeto qualquer uma mudança de posição no espaço ou acréscimos/diminuição de massa.

Exemplos: *esvaziar, encher, erguer, abaixar, comprimir.*

Padrões sintáticos da classe:
Padrão $^4[\overline{\text{N}} \quad \quad]^4$
Padrão $^8[\overline{\text{N}} \quad \overline{\text{N}}]^8$
Padrão $^{23}[\text{N} \quad \overline{\text{N}} \, \overline{\text{Prep3}}]^{23}$
Padrão $^{24}[\text{N} \quad \overline{\text{N}}]^{24}$

Representação da transitividade verbal na classe:
a. $\text{NOM}_{\{\text{AGENTE}:[+\text{vivo}]\}}$ —— $\text{ACU}_{\{\text{OBJETIVO}:[+\text{objeto}]\}}$
b. $\text{NOM}_{\{\text{OBJETIVO}:[+\text{objeto}]\}}$ ——
c. $\text{NOM}_{\{\text{AGENTE}:[+\text{vivo}]\}}$ —— $\text{ACU}_{\{\text{OBJETIVO}:[+\text{objeto}]\}}$ ABL[Prep3]
d. $\text{NOM}_{\{\text{OBJETIVO}:[+\text{objeto}]\}}$ —— #SE

548. João encheu a pança.

510. A piscina esvaziou.

549. Josué encheu o pneu do carro com o macaco.
550. A criança abaixou-se.

1322 Operações atributivas externas III

Predicadores que expressam ações qualificadas causadoras de mudança de estado.

Exemplos: *abarrotar, abastecer, entupir, adicionar.*

Padrões sintáticos da classe:
Padrão $^8[\overline{N} \underline{\quad} \overline{N}]^8$
Padrão $^{23}[\overline{N} \underline{\quad} \overline{N} \overline{Prep3}]^{23}$

Representação da transitividade verbal na classe:
a. $NOM_{\{AGENTE:[+vivo]\}} \underline{\quad} ACU_{\{OBJETIVO:[+objeto]\}}$
b. $NOM_{\{AGENTE:[+vivo]\}} \underline{\quad} ACU_{\{OBJETIVO:[+objeto]\}} ABL[Prep3]$

551. A Cedae abastece o Rio de Janeiro.
552. A chuva entupiu o hospital de água.

1323 Operações atributivas externas IV

Predicadores que expressam o ato de imprimir a um objeto específico um cargo ou uma propriedade social.

Exemplos: *eleger, escolher, nomear.*

Padrões sintáticos da classe:
Padrão $^8[\overline{N} \underline{\quad} \overline{N}]^8$
Padrão $^{13}[N \underline{\quad} \overline{X}_{[+A]}]^{13}$
Padrão $^{18}[N \underline{\quad} \overline{N} \overline{X}_{[+A]}]^{18}$
Padrão $^{23}[\overline{N} \underline{\quad} \overline{N} \overline{Prep3}]^{23}$
Padrão $^{24}[\overline{N} \underline{\quad} \overline{N}]^{24}$

Representação da transitividade verbal na classe:
a. $NOM_{\{AGENTE:[+vivo]\}} \underline{\quad} ACU_{\{OBJETIVO:[+objeto]\}} ACU^{[+A]}$
b. $NOM_{\{AGENTE:[+vivo]\}} \underline{\quad} ACU_{\{OBJETIVO:[+objeto[+A]]\}}$
c. $NOM_{\{AGENTE:[+vivo]\}} \underline{\quad} ACU_{\{OBJETIVO:[+objeto]\}}$
d. $NOM_{\{AGENTE:[+vivo]\}} \underline{\quad} ACU_{\{OBJETIVO:[+objeto]\}} ABL[Prep3]$
e. $NOM_{\{OBJETIVO:[+objeto]\}} \underline{\quad} \#SE$

553. A população elegeu Bueno o prefeito.
553a. A população elegeu Bueno para prefeito.

554. A população escolheu o melhor shopping.
554a. A população nomeou o melhor shopping.
555. João elegeu-se.

1324 Operações atributivas externas V
Predicadores que expressam o ato de imprimir a um objeto qualquer certa propriedade a partir de outra ação ou como consequência de algo.
Exemplo: *deixar*.

Padrões sintáticos da classe:
Padrão $^{18}[\overline{N} \underline{\quad} \overline{N}\,\overline{X}_{[+A]}]^{18}$

Representação da transitividade verbal na classe:
a. $NOM_{\{AGENTE:[+vivo]\}} \underline{\quad} ACU_{\{OBJETIVO:[+objeto]\}}\, ACU{:}[+A]$

500. A garotada deixou a casa suja.

210 Operações de percepção básica I
Predicadores que expressam atos praticados através do uso dos mecanismos apropriados da percepção visual.
Exemplos: *ver, enxergar, olhar*.

Padrões sintáticos da classe:
Padrão $^{4}[\overline{N} \underline{\quad}\ ]^{4}$
Padrão $^{8}[\overline{N} \underline{\quad} \overline{N}]^{8}$

Representação da transitividade verbal na classe:
a. $NOM_{\{AGENTE:[+vivo]\}} \underline{\quad} ACU_{\{OBJETIVO:[+objeto]\}}$
b. $NOM_{\{AGENTE:[+vivo]\}} \underline{\quad}$

512. Eu vi o cometa.
514. Esse menino escuta?

2101 Operações de percepção básica II
Predicadores que expressam atos praticados através do uso de um dos mecanismos apropriados da percepção sensorial, exceto atos típicos da visão.

Exemplos: *ver (= perceber), ouvir, sentir, escutar, perceber.*

Padrões sintáticos da classe:
Padrão $^8[\overline{N} \underline{\quad} \overline{N}]^8$
Padrão $^9[\overline{N} \underline{\quad} \overline{X}\{... S ...\}]^9$

Representação da transitividade verbal na classe:
a. $NOM_{\{AGENTE:[+vivo]\}} \underline{\quad} ACU_{\{OBJETIVO:[+objeto]\}}$
b. $NOM_{\{AGENTE:[+vivo]\}} \underline{\quad} zero[X'\{... S ...\}]$

556. Ana sentiu o problema.

515. Eu ouvi que Ana está com catapora.

2102 Operações de percepção básica III
Predicadores que expressam ações de descoberta praticadas através do uso de um dos mecanismos apropriados da percepção sensorial.
Exemplos: *achar, encontrar, localizar, identificar.*

Padrões sintáticos da classe:
Padrão $^4[\overline{N} \underline{\quad}]^4$
Padrão $^8[\overline{N} \underline{\quad} \overline{N}]^8$
Padrão $^{24}[\overline{N} \underline{\quad} \#SE_{[prop]}]^{24}$

Representação da transitividade verbal na classe:
a. $NOM_{\{AGENTE:[+vivo]\}} \underline{\quad} ACU_{\{OBJETIVO:[+objeto]\}}$
b. $NOM_{\{AGENTE:[+vivo]\}} \underline{\quad}$
c. $NOM_{\{AGENTE:[+objeto]\}} \underline{\quad} \#SE$

513. Eu achei uma carteira.

557. João encontra.
558. Pedro identificou-se.

223 Atividades semióticas primárias em animais
Predicadores que expressam atos reveladores não verbais expressos por animais.

Exemplos: *cantar, palrar, mugir, latir.*

Padrões sintáticos da classe:
Padrão ⁴[N̄ __]⁴
Padrão ⁷[N̄ __ Prep1]⁷

Representação da transitividade verbal na classe:
a. $NOM_{\{AGENTE:[+vivo]\}}$ ——
b. $NOM_{\{AGENTE:[+vivo]\}}$ —— $ACU_{\{OBJETIVO:[+objeto]\}}$
c. $NOM_{\{AGENTE:[+vivo]\}}$ —— $DAT_{\{BENEFICIÁRIO:[+humano]\}}$
d. $NOM_{\{AGENTE:[+vivo]\}}$ —— $ACU_{\{OBJETIVO:[+objeto]\}}$ $DAT_{\{BENEFICIÁRIO:[+humano]\}}$

518. Esse passarinho canta.
521. O cachorro latiu para o carteiro.

2231 Atividades semióticas primárias humanas
Predicadores que expressam atos reveladores não verbais praticados por seres humanos.
Exemplos: *cantar, dançar, tocar.*

Padrões sintáticos da classe:
Padrão ⁴[N̄ __]⁴
Padrão ⁷[N̄ __ Prep1]⁷
Padrão ⁸[N̄ __ N̄]⁸
Padrão ¹⁵[N̄ __ N̄ Prep1]¹⁵

Representação da transitividade verbal na classe:
a. $NOM_{\{AGENTE:[+vivo]\}}$ ——
b. $NOM_{\{AGENTE:[+vivo]\}}$ —— $ACU_{\{OBJETIVO:[+objeto]\}}$
c. $NOM_{\{AGENTE:[+vivo]\}}$ —— $DAT_{\{BENEFICIÁRIO:[+humano]\}}$
d. $NOM_{\{AGENTE:[+vivo]\}}$ —— $ACU_{\{OBJETIVO:[+objeto]\}}$ $DAT_{\{BENEFICIÁRIO:[+humano]\}}$

559. Esse menino canta.

519. Lucas dança rumba.

522. Mozart tocou para o Imperador.
524. Mozart tocou uma peça para a Imperatriz.

2532 Atividades auxiliativas típicas

Predicadores que expressam a capacidade ou desejo de um objeto de auxiliar outro objeto ou de recuperar seu estado ideal, realizar uma atividade ou, ainda, obter outro objeto almejado.

Exemplos: *ajudar, auxiliar*.

Padrões sintáticos da classe:
Padrão $^4[\overline{N}\_\_]^4$
Padrão $^5[\_\_^X\{... S ...\}]^5$
Padrão $^8[\overline{N}\_\_\overline{N}]^8$
Padrão $^{24}[\overline{N}\_\_\#se_{[PROP]}]^{24}$
Padrão $^{25}[\overline{N}\_\_\#se_{[PROP]} \overline{Prep2}]^{25}$

Representação da transitividade verbal na classe:
a. $NOM_{\{AGENTE:[+objeto]\}}$ —— $ACU_{\{OBJETIVO:[+objeto]\}}$ $ACU[Prep2]$
b. NOM $ACU_{\{OBJETIVO:[+objeto]\}}$
c. $NOM_{\{AGENTE:[+objeto]\}}$ —— $ACU[Prep2]$
d. $NOM_{\{OBJETIVO:[+objeto]\}}$ —— #SE
e. $NOM_{\{AGENTE:[+objeto]\}}$ —— #SE ABL[Prep3]
f. $NOM_{\{AGENTE:[+objeto]\}}$ ——

525. Jonas ajudou Ana em sua prova.
525a. Jonas ajudou Ana a fazer a prova.

560. Jonas auxiliou Ana.
561. Jonas auxilia a fazer prova.
562. Ana se ajudou.

529. Jonas se auxiliou no tratamento.
532. Remédio ajuda.

2533 Atividades auxiliativas consolativas

Predicadores que expressam a atitude de apoiar moralmente a alguém.
Exemplos: *ajudar, atentar, consolar, apoiar.*

Padrões sintáticos da classe:
Padrão ⁴[N̄ ___]⁴
Padrão ⁸[N̄ ___ N̄]⁸
Padrão ²⁴[N̄ ___ #se_[PROP]]²⁴
Padrão ²⁵[N̄ ___ #se_[PROP] Prep2]²⁵

Representação da transitividade verbal na classe:
a. $NOM_{\{AGENTE:[+objeto]\}}$ —— $ACU_{\{OBJETIVO:[+objeto]\}}$ $ACU[Prep2]$
b. $NOM_{\{AGENTE:[+objeto]\}}$ —— $ACU_{\{OBJETIVO:[+objeto]\}}$
c. $NOM_{\{AGENTE:[+objeto]\}}$ —— #SE
d. $NOM_{\{AGENTE:[+objeto]\}}$ ——

526. Jonas consolou Ana por sua dor.
526c. Jonas consolou Ana.
528a. Jonas se consolou.
533. Carinho consola.

262 Operações lógico-cognitivas típicas

Predicadores que expressam atividades decorrentes da capacidade humana de produzir conhecimento.

Exemplos: *classificar, analisar, estudar, corrigir, descrever, sintetizar, resumir, julgar.*

Padrões sintáticos da classe:
Padrão ⁴[N̄ ___]⁴
Padrão ⁸[N̄ ___ N̄]⁸
Padrão ¹⁵[N̄ ___ N̄ Prep1]¹⁵
Padrão ²³[N̄ ___ N̄ Prep3]²³
Padrão ²⁶[N̄ ___ N̄ Prep1 Prep3]²⁶

Representação da transitividade verbal na classe:
a. $\text{NOM}_{\{\text{AGENTE:}[+\text{objeto}]\}}$ —— $\text{ACU}_{\{\text{OBJETIVO:}[+\text{objeto}]\}}$ $\text{DAT}_{\{\text{BENEFICIÁRIO:}[+\text{objeto}]\}}$ $\text{ACU}_{\{\text{INSTRUMENTO:}[+\text{objeto}]\}}$
b. $\text{NOM}_{\{\text{AGENTE:}[+\text{objeto}]\}}$ —— $\text{ACU}_{\{\text{OBJETIVO:}[+\text{objeto}]\}}$ $\text{DAT}_{\{\text{BENEFICIÁRIO:}[+\text{objeto}]\}}$
c. $\text{NOM}_{\{\text{AGENTE:}[+\text{objeto}]\}}$ —— $\text{ACU}_{\{\text{OBJETIVO:}[+\text{objeto}]\}}$
d. $\text{NOM}_{\{\text{AGENTE:}[+\text{objeto}]\}}$ ——
e. $\text{NOM}_{\{\text{INSTRUMENTO:}[+\text{objeto}]\}}$ ——

563. João classificou os nomes para mim com o computador.
564. O computador ordenou os nomes para mim.
536. João classifica palavras.
539. João descreve.
565. Esta máquina ordena.

2622 Operações matemáticas
Predicadores que expressam operações lógico-matemáticas.
Exemplos: *somar, multiplicar, dividir, racionalizar, fatorar, reduzir.*

Padrões sintáticos da classe:
Padrão $^4[\overline{\text{N} \quad\quad}]^4$
Padrão $^8[\overline{\text{N} \quad\quad \overline{\text{N}}}]^8$
Padrão $^{15}[\overline{\text{N} \quad\quad \overline{\text{N} \text{ Prep1}}}]^{15}$
Padrão $^{23}[\overline{\text{N} \quad\quad \overline{\text{N} \text{ Prep3}}}]^{23}$
Padrão $^{26}[\overline{\text{N} \quad\quad \overline{\text{N} \text{ Prep1 Prep3}}}]^{26}$

Representação da transitividade verbal na classe:
a. $\text{NOM}_{\{\text{AGENTE:}[+\text{objeto}]\}}$ —— $\text{ACU}_{\{\text{OBJETIVO:}[+\text{objeto}]\}}$ $\text{DAT}_{\{\text{BENEFICIÁRIO:}[+\text{objeto}]\}}$ $\text{ABL}_{\{\text{INSTRUMENTO:}[+\text{objeto}]\}}$
b. $\text{NOM}_{\{\text{AGENTE:}[+\text{objeto}]\}}$ —— $\text{ACU}_{\{\text{OBJETIVO:}[+\text{objeto}]\}}$ $\text{DAT}_{\{\text{BENEFICIÁRIO:}[+\text{objeto}]\}}$
c. $\text{NOM}_{\{\text{AGENTE:}[+\text{objeto}]\}}$ —— $\text{ACU}_{\{\text{OBJETIVO:}[+\text{objeto}]\}}$
d. $\text{NOM}_{\{\text{AGENTE:}[+\text{objeto}]\}}$ ——
e. $\text{NOM}_{\{\text{INSTRUMENTO:}[+\text{objeto}]\}}$ ——
f. $\text{NOM}_{\{\text{AGENTE:}[+\text{objeto}]\}}$ —— $\text{ACU}_{\{\text{OBJETIVO:}[+\text{objeto}]\}}$ $\text{ABL}[\text{Prep3}]$

534. João somou as faturas para mim com a calculadora.

566. O computador dividiu os nomes para a Eleanora.
567. O garoto reduziu as expressões.

538. João multiplica.
541. A calculadora soma.
543. João multiplicou três por quatro.

2623 Operações lógico-cognitivas conclusivas

Predicadores que expressam conclusões obtidas a partir do trabalho intelectual

Exemplos: *suscitar, concluir, achar.*

Padrões sintáticos da classe:
Padrão $^{19}[\overline{N} \underline{\quad} Prep2]^{19}$
Padrão $^{9}[\overline{N} \underline{\quad} {}^{X}\{... S ...\}]^{9}$

Representação da transitividade verbal na classe:
a. $NOM_{\{AGENTE:[+objeto]\}} \underline{\quad} ACU[Prep2]$
b. $NOM_{\{AGENTE:[+humano]\}} \underline{\quad} zero[X'\{... S ...\}]$

568. João suspeita de Eli.

542a. João acha que será possível.

Quadro 8 – Versão atualizada do conjunto de subclasses verbais

Cód.	Subclasse semântica	Padrões sintáticos associados
100	Predicadores existenciais	$^{2}[\underline{\quad} \overline{N}]^{2} / {}^{3}[\underline{\quad} Prep2]^{3} / {}^{4}[\overline{N} \underline{\quad}]^{4}$
110	Especificadores existenciais	$^{4}[\overline{N} \underline{\quad}]^{4} / {}^{5}[\underline{\quad} {}^{X}\{... S ...\}]^{5}$ $^{8}[\overline{N} \underline{\quad} \overline{N}]^{8} / {}^{11}[{}^{X}\{... S ...\} \underline{\quad} \overline{N}]^{11}$
1101	Qualificadores de existência social	$^{4}[\overline{N} \underline{\quad}]^{4}$
120	Operações existenciais	$^{8}[\overline{N} \underline{\quad} \overline{N}]^{8}$
1201	Operações de arranjo	$^{15}[\overline{N} \underline{\quad} \overline{N} \, Prep1]^{15} / {}^{19}[\overline{N} \underline{\quad} Prep2]^{19}$ $^{24}[\overline{N} \underline{\quad} \#se_{[PROP]}]^{24} / {}^{25}[\overline{N} \underline{\quad} \#se_{[PROP]} \, Prep2]^{25}$

(continua)

(Quadro 8 - continuação)

130	Operações analíticas simples	$^{13}[\overline{N} \ \_\_ \ \overline{X}_{[+A]}]^{13}$
131	Operações analíticas denominativas	$^{18}[\overline{N} \ \_\_ \ \overline{N} \ \overline{X}_{[+A]}]^{18} / {}^{20}[\overline{N} \ \_\_ \ \overline{N \ Prep2}]^{20}$
132	Operações atributivas externas I	$^{4}[\overline{N} \ \_\_ \ ]^{4} / {}^{8}[\overline{N} \ \_\_ \ \overline{N}]^{8} / {}^{24}[\overline{N} \ \_\_ \ \overline{\#se}_{[PROP]}]^{24}$
1321	Operações atributivas externas II	$^{4}[\overline{N} \ \_\_ \ ]^{4} / {}^{8}[\overline{N} \ \_\_ \ \overline{N}]^{8} / {}^{23}[\overline{N} \ \_\_ \ \overline{N \ Prep3}]^{23}$ $^{24}[\overline{N} \ \_\_ \ \overline{\#se}_{[PROP]}]^{24}$
1322	Operações atributivas externas III	$^{8}[\overline{N} \ \_\_ \ \overline{N}]^{8} / {}^{23}[\overline{N} \ \_\_ \ \overline{N \ Prep3}]^{23}$
1323	Operações atributivas externas IV	$^{8}[\overline{N} \ \_\_ \ \underline{N}]^{8} / {}^{13}[\overline{N} \ \_\_ \ \overline{X}_{[+A]}]^{13}$ $^{18}[\overline{N} \ \_\_ \ \overline{N \ X}_{[+A]}]^{18} / {}^{23}[\overline{N} \ \_\_ \ \overline{N \ Prep3}]^{23}$ $^{24}[\overline{N} \ \_\_ \ \overline{\#se}_{[PROP]}]^{24}$
1324	Operações atributivas externas V	$^{13}[\overline{N} \ \_\_ \ \overline{X}_{[+A]}]^{13} / {}^{18}[\overline{N} \ \_\_ \ \overline{N \ X}_{[+A]}]^{18}$
133	Operações atributivas internas	$^{8}[\overline{N} \ \_\_ \ \overline{N}]^{8} / {}^{20}[\overline{N} \ \_\_ \ \overline{N \ Prep2}]^{20}$ $^{24}[\overline{N} \ \_\_ \ \overline{\#se}_{[PROP]}]^{24} / {}^{25}[\overline{N} \ \_\_ \ \overline{\#se_{[PROP]} \ Prep2}]^{25}$
200	Operações dinâmicas	$^{8}[\overline{N} \ \_\_ \ \overline{N}]^{8} / {}^{15}[\overline{N} \ \_\_ \ \overline{N \ Prep1}]^{15}$
201	Operações tipicamente instrumentalizadas	$^{4}[\overline{N} \ \_\_ \ ]^{4}$ $^{8}[\overline{N} \ \_\_ \ \overline{N}]^{8} / {}^{15}[\overline{N} \ \_\_ \ \overline{N \ Prep1}]^{15}$
202	Manifestações não operativas	$^{1}[\ \_\_ \ ]^{1} / {}^{2}[\ \_\_ \ \overline{N}]^{2}$
210	Operações de percepção básica I	$^{4}[\overline{N} \ \_\_ \ ]^{4} / {}^{8}[\overline{N} \ \_\_ \ \overline{N}]^{8}$
2101	Operações de percepção básica II	$^{8}[\overline{N} \ \_\_ \ \overline{N}]^{8} / {}^{9}[\overline{N} \ \_\_ \ {}^{X}\{ \ ... \ S \ ... \}]^{9}$
2102	Operações de percepção básica III	$^{4}[\overline{N} \ \_\_ \ ]^{4} / {}^{8}[\overline{N} \ \_\_ \ \overline{N}]^{8} / {}^{24}[\overline{N} \ \_\_ \ \overline{\#se}_{[PROP]}]^{24}$
211	Atividades biológicas	$^{4}[\overline{N} \ \_\_ \ ]^{4} / {}^{8}[\overline{N} \ \_\_ \ \overline{N}]^{8}$
212	Operações causativas existenciais	$^{4}[\overline{N} \ \_\_ \ ]^{4} / {}^{8}[\overline{N} \ \_\_ \ \overline{N}]^{8} / {}^{19}[\overline{N} \ \_\_ \ \overline{Prep2}]^{19}$ $^{20}[\overline{N} \ \_\_ \ \overline{N \ Prep2}]^{20} / {}^{24}[\overline{N} \ \_\_ \ \overline{\#se}_{[PROP]}]^{24}$ $^{25}[\overline{N} \ \_\_ \ \overline{\#se_{[PROP]} \ Prep2}]^{25}$
213	Atividades copulativas ou afetivas	$^{4}[\overline{N} \ \_\_ \ ]^{4} / {}^{8}[\overline{N} \ \_\_ \ \overline{N}]^{8} / {}^{19}[\overline{N} \ \_\_ \ \overline{Prep2}]^{19}$ $^{24}[\overline{N} \ \_\_ \ \overline{\#se}_{[PROP]}]^{24}$
2131	Indicadores de empatia	$^{4}[\overline{N} \ \_\_ \ ]^{4} / {}^{19}[\overline{N} \ \_\_ \ \overline{Prep2}]^{19}$ $^{24}[\overline{N} \ \_\_ \ \overline{\#se}_{[PROP]}]^{24}$

(Quadro 8 – continuação)

Cód.	Subclasse semântica	Padrões sintáticos associados
214	Estados modalizadores	$^6[^X\{... S ...\}\_\_ Prep1]^6 / ^8[\overline{N \_\_ \overline{N}}]^8$ $^9[\overline{N \_\_ {}^X\{... S ...\}}]^9 / ^{19}[\overline{N \_\_ \overline{Prep2}}]^{19}$
215	Estados hipotéticos	$^5[\_\_ {}^X\{... S ...\}]^5$
2151	Estados hipotéticos qualificativos	$^5[\_\_ {}^X\{... S ...\}]^5$
220	Operadores de expressão	$^4[\overline{N \_\_}]^4 / ^8[\overline{N \_\_ \overline{N}}]^8 / ^9[\overline{N \_\_ {}^X\{... S ...\}}]^9$ $^{10}[\overline{N \_\_ :S}]^{10} / ^{11}[^X\{... S ...\}\_\_ \overline{N}]^{11}$ $^{12}[^X\{... S ...\}\_\_ \overline{N\, Prep1}]^{12} / ^{15}[\overline{N \_\_ \overline{N\, Prep1}}]^{15}$ $^{16}[\overline{N \_\_ \overline{PREP1 :S}}]^{16} / ^{17}[\overline{N \_\_ \overline{PREP1\, {}^X\{... S ...\}}}]^{17}$
2201	Ações gramaticais	$^4[\overline{N \_\_}]^4 / ^8[\overline{N \_\_ \overline{N}}]^8$
2202	Ações encaixe textual	$^5[\_\_ {}^X\{... S ...\}]^5$
221	Operações apelativas	$^8[\overline{N \_\_ \overline{N}}]^8 / ^{19}[\overline{N \_\_ \overline{Prep2}}]^{19}$
2211	Atos de espera	$^8[\overline{N \_\_ \overline{N}}]^8 / ^{19}[\overline{N \_\_ \overline{Prep2}}]^{19}$
222	Operações denunciativas	$^8[\overline{N \_\_ \overline{N}}]^8 / ^9[\overline{N \_\_ X\{... S ...\}}]^9$
223	Atividades semióticas primárias – animais	$^4[\overline{N \_\_}]^4 / ^7[\overline{N \_\_ \overline{Prep1}}]^7$
2231	Atividades semióticas primárias – humanas	$^4[\overline{N \_\_}]^4 / ^7[\overline{N \_\_ \overline{Prep1}}]^7 / ^8[\overline{N \_\_ \overline{N}}]^8$ $^{15}[\overline{N \_\_ \overline{N\, Prep1}}]^{15}$
224	Atividades semióticas religiosas	$^4[\overline{N \_\_}]^4 / ^{19}[\overline{N \_\_ \overline{Prep2}}]^{19}$
230	Operações causativas típicas	$^4[\overline{N \_\_}]^4 / ^8[\overline{N \_\_ \overline{N}}]^8 / ^{20}[\overline{N \_\_ \overline{N\, Prep2}}]^{20}$ $^{24}[\overline{N \_\_ \#se_{[PROP]}}]^{24}$
231	Operações de união	$^4[\overline{N \_\_}]^4 / ^8[\overline{N \_\_ \overline{N}}]^8 / ^{19}[\overline{N \_\_ \overline{Prep2}}]^{19}$ $^{20}[\overline{N \_\_ \overline{N\, Prep2}}]^{20} / ^{23}[\overline{N \_\_ \overline{N\, Prep3}}]^{23}$ $^{28}[\overline{N \_\_ \overline{N\, Prep2\, Prep3}}]^{28}$
232	Estados implicativos	$^8[\overline{N \_\_ \overline{N}}]^8 / ^9[\overline{N \_\_ {}^X\{... S ...\}}]^9$
2321	Estados afetativos	$^8[\overline{N \_\_ \overline{N}}]^8 / ^{20}[\overline{N \_\_ \overline{N\, Prep2}}]^{20}$ $^{25}[\overline{N \_\_ \#se_{[PROP]}\, \overline{Prep2}}]^{25}$
240	Operações causativas de movimento simples	$^4[\overline{N \_\_}]^4 / ^{22}[\overline{N \_\_ \overline{Prep3}}]^{22}$
241	Operações causativas de movimento composto	$^{18}[\overline{N \_\_ \overline{N\, X_{[+A]}}}]^{18} / ^{20}[\overline{N \_\_ \overline{N\, Prep2}}]^{20}$ $^{21}[\overline{N \_\_ \overline{N\, Prep2\, Prep2}}]^{21}$ $^{25}[\overline{N \_\_ \#se_{[PROP]}\, \overline{Prep2}}]^{25}$ $^{28}[\overline{N \_\_ \overline{N\, Prep2\, Prep3}}]^{28}$ $^{29}[\overline{N \_\_ \overline{N\, Prep2\, Prep2\, Prep3}}]^{29}$

(Quadro 8 – continuação)

2411	Operações definidoras de pontos no tempo	$^8[\overline{N} \_\_ \overline{N}]^8 / {}^{19}[\overline{N} \_\_ \overline{Prep2}]^{19}$ $^{20}[\overline{N} \_\_ \overline{N\,Prep2}]^{20}$
2412	Operações de deslocamento no tempo	$^8[\overline{N} \_\_ \overline{N}]^8 / {}^{19}[\overline{N} \_\_ \overline{Prep2}]^{19}$ $^{21}[\overline{N} \_\_ \overline{N\,Prep2\,Prep2}]^{21}$
242	Definições estativas	$^4[\overline{N} \_\_]^4 / {}^{13}[\overline{N} \_\_ \overline{X}_{[+A]}]^{13}$
243	Operações persecutórias	$^8[\overline{N} \_\_ \overline{N}]^8 / {}^{20}[\overline{N} \_\_ \overline{N\,Prep2}]^{20}$
244	Atividades físico-esportivas	$^4[\overline{N} \_\_]^4 / {}^8[\overline{N} \_\_ \overline{N}]^8 / {}^{19}[\overline{N} \_\_ \overline{Prep2}]^{19}$ $^{20}[\overline{N} \_\_ \overline{N\,Prep2}]^{20} / {}^{21}[\overline{N} \_\_ \overline{N\,Prep2\,Prep2}]^{21}$
245	Atos de roubo e restituição	$^4[\overline{N} \_\_]^4 / {}^8[\overline{N} \_\_ \overline{N}]^8 / {}^{15}[\overline{N} \_\_ \overline{N\,Prep1}]^{15}$ $^{19}[\overline{N} \_\_ \overline{Prep2}]^{19} / {}^{20}[\overline{N} \_\_ \overline{N\,Prep2}]^{20}$ $^{24}[\overline{N} \_\_ \#se_{[PROP]}]^{24}$
246	Atos bloqueativos	$^8[\overline{N} \_\_ \overline{N}]^8 / {}^{23}[\overline{N} \_\_ \overline{N\,Prep3}]^{23}$
2461	Atos sustentativos	$^8[\overline{N} \_\_ \overline{N}]^8 / {}^{20}[\overline{N} \_\_ \overline{N\,Prep2}]^{20}$
2462	Especificativos de crença	$^{15}[\overline{N} \_\_ \overline{N\,Prep1}]^{15}$
250	Atividade social	$^4[\overline{N} \_\_]^4 / {}^8[\overline{N} \_\_ \overline{N}]^8 / {}^{24}[\overline{N} \_\_ \#se_{[PROP]}]^{24}$
251	Atividades negociativas	$^4[\overline{N} \_\_]^4 / {}^8[\overline{N} \_\_ \overline{N}]^8 / {}^{15}[\overline{N} \_\_ \overline{N\,Prep1}]^{15}$ $^{16}[\overline{N} \_\_ \overline{Prep1:S}]^{16} / {}^{19}[\overline{N} \_\_ \overline{Prep2}]^{19}$ $^{23}[\overline{N} \_\_ \overline{N\,Prep3}]^{23}$
252	Atividades ofertativas	$^{15}[\overline{N} \_\_ \overline{N\,Prep1}]^{15}$
253	Atividades disputativas	$^4[\overline{N} \_\_]^4 / {}^8[\overline{N} \_\_ \overline{N}]^8$
2531	Atividades acautelativas	$^{15}[\overline{N} \_\_ \overline{N\,Prep1}]^{15}$
2532	Atividades auxiliativas típicas	$^4[\overline{N} \_\_]^4 / {}^5[\_\_ {}^X\{\ldots S \ldots\}]^5 / {}^8[\overline{N} \_\_ \overline{N}]^8$ $^{24}[\overline{N} \_\_ \#se_{[PROP]}]^{24}\,{}^{25}[\overline{N} \_\_ \#se_{[PROP]}\,\overline{Prep2}]^{25}$
2533	Atividades auxiliativas consolatórias	$^4[\overline{N} \_\_]^4 / {}^8[\overline{N} \_\_ \overline{N}]^8 / {}^{24}[\overline{N} \_\_ \#se_{[PROP]}]^{24}$ $^{25}[\overline{N} \_\_ \#se_{[PROP]}\,\overline{Prep2}]^{25}$
254	Operações persuasivas	$^{20}[\overline{N} \_\_ \overline{N\,Prep2}]^{20} / {}^{25}[\overline{N} \_\_ \#se_{[PROP]}\,\overline{Prep2}]^{25}$
255	Formativos culturais	$^8[\overline{N} \_\_ \overline{N}]^8 / {}^{20}[\overline{N} \_\_ \overline{N\,Prep2}]^{20}$ $^{24}[N \_\_ \#se[PROP]]^{24}$ $^{25}[\overline{N} \_\_ \#se_{[PROP]}\,\overline{Prep2}]^{25}$
260	Operações assimilativas	$^4[\overline{N} \_\_]^4 / {}^8[\overline{N} \_\_ \overline{N}]^8 / {}^9[\overline{N} \_\_ {}^X\{\ldots S \ldots\}]^9$
261	Operações recordativas	$^8[\overline{N} \_\_ \overline{N}]^8 / {}^9[\overline{N} \_\_ {}^X\{\ldots S \ldots\}]^9$ $^{15}[\overline{N} \_\_ \overline{N\,Prep1}]^{15} / {}^{19}[\overline{N} \_\_ \overline{Prep2}]^{19}$ $^{20}[\overline{N} \_\_ \overline{N\,Prep2}]^{20}$
262	Operações lógico-cognitivas típicas	$^4[\overline{N} \_\_]^4 / {}^8[\overline{N} \_\_ \overline{N}]^8 / {}^{15}[\overline{N} \_\_ \overline{N\,Prep1}]^{15}$ $^{23}[\overline{N} \_\_ \overline{N\,Prep3}]^{23} / {}^{26}[\overline{N} \_\_ \overline{N\,Prep1\,Prep3}]^{26}$

(Quadro 8 – conclusão)

Cód.	Subclasse semântica	Padrões sintáticos associados
2621	Atos conscienciativos	$^{20}[\overline{N} \_\_ \overline{N} \text{ Prep2}]^{20} / \,^{24}[\overline{N} \_\_ \#se_{[PROP]}]^{24}$
2622	Operações matemáticas	$^{4}[\overline{N} \_\_]^{4} / \,^{8}[\overline{N} \_\_ \overline{N}]^{8} / \,^{15}[\overline{N} \_\_ \overline{N} \text{ Prep1}]^{15}$ $^{23}[\overline{N} \_\_ \overline{N} \text{ Prep3}]^{23} / \,^{26}[\overline{N} \_\_ \overline{N} \text{ Prep1 Prep3}]^{26}$
2623	Operações lógico-cognitivas conclusivas	$^{9}[\overline{N} \_\_ \,^{X}\{ ... \text{S} ... \}]^{9} / \,^{19}[\overline{N} \_\_ \text{ Prep2}]^{19}$
263	Atos optativos	$^{8}[\overline{N} \_\_ \overline{N}]^{8} / \,^{9}[\overline{N} \_\_ \,^{X}\{ ... \text{S} ... \}]^{9}$ $^{19}[\overline{N} \_\_ \text{ Prep2}]^{19}$
270	Atos avaliativos	$^{4}[\overline{N} \_\_]^{4} / \,^{8}[\overline{N} \_\_ \overline{N}]^{8} / \,^{9}[\overline{N} \_\_ \,^{X}\{ ... \text{S} ... \}]^{9}$
271	Atos decretativos	$^{8}[\overline{N} \_\_ \overline{N}]^{8} / \,^{20}[\overline{N} \_\_ \overline{N} \text{ Prep2}]^{20}$
272	Ações qualificadas I	$^{4}[\overline{N} \_\_]^{4} / \,^{8}[\overline{N} \_\_ \overline{N}]^{8} / \,^{19}[\overline{N} \_\_ \text{ Prep2}]^{19}$
2721	Ações qualificadas II	$^{4}[\overline{N} \_\_]^{4} / \,^{8}[\overline{N} \_\_ \overline{N}]^{8} / \,^{19}[\overline{N} \_\_ \text{ Prep2}]^{19}$ $^{23}[\overline{N} \_\_ \overline{N} \text{ Prep3}]^{23}$
2722	Ações utilitativas	$^{8}[\overline{N} \_\_ \overline{N}]^{8}$
280	Indicadores de duração	$^{4}[\overline{N} \_\_]^{4}$

4.5
Conclusões parciais

Com base nos dados obtidos ao final da avaliação das classes, podemos concluir que processos classificatórios embasados exclusivamente em princípios sintáticos ou semânticos, sem a devida associação a aspectos de natureza cognitiva, tendem a trazer distorções nos resultados descritivos, em proporções bastante significativas.

A esta altura, mediante a aplicação dos testes sobre as classes, torna-se possível atestar que estas foram adequadamente estabelecidas e constituem um conjunto significativo de dados para a descrição gramatical. O fato, propriamente, de as classes propostas terem obtido rendimento satisfatório no processo de sua avaliação, permite-nos sustentar com segurança a conclusão inicial quanto à improcedência de tentativas de classificação dos predicadores verbais sem a utilização de aspectos lógico-cognitivos. Essa conclusão traz, ainda, impacto sobre a teoria geral da gramática, particularmente no que concerne à heurística geral do processo de classificação.

Os efeitos do tipo de classificação aqui proposto para a sistemática de tratamento das línguas naturais serão abordados na próxima seção, na qual se conclui este estudo. Antes de finalizar esta exposição, é conveniente, porém, ressaltar alguns pontos relevantes do tipo de aproveitamento dos traços lógico-semânticos adotados.

Os traços lógico-semânticos aplicados na classificação permitem resgatar na forma da sentença o esquema geral de representação subjacente ao discurso. A melhor forma de exemplificar isso é através da análise de certas representações que mantêm entre si um único esquema predicativo, como, por exemplo, o seguinte:

i. $NOM_{\{AGENTE:[+objeto]\}}$ —— $ACU_{\{OBJETIVO:[+objeto]\}}$ $ABL_{\{INSTRUMENTO:[+objeto]\}}$

569. Dona Maria lavou a roupa com sabão em pó.

ii. $NOM_{\{OBJETVO:[+objeto]\}}$ —— $ABL_{\{INSTRUMENTO:[+objeto]\}}$

569a. Dona Maria lava com sabão em pó.

iii. $NOM_{\{INSTRUMENTO:[+objeto]\}}$ —— $ACU_{\{OBJETIVO:[+objeto]\}}$

569b. Sabão em pó lava a roupa.

iv. $NOM_{\{INSTRUMENTO:[+objeto]\}}$ ——

569c. Sabão em pó lava.

v. $NOM_{\{OBJETVO:[+objeto]\}}$ __

569d. A roupa lavou.

vi. $NOM_{\{AGENTE:[+objeto]\}}$ __

569e. Dona Maria lava.

As representações (i) a (vi) implicam, naturalmente, diversos tipos de padrões frasais, mas podem estar relacionadas a um único esquema predicativo, cuja expressão varia conforme os elementos lógicos que se deseja revelar. A representação (i) contém os três elementos lógicos que permanecem invariáveis nas demais representações, ainda que, em algumas delas, um ou mais sejam omitidos.

Os traços adotados revelam que não existe uma categoria universal de redução ou aplicação de elementos lógicos na expressão do discurso, no que se refere aos predicadores da língua. Ao contrário, as diferentes subclasses prescrevem não apenas um conjunto potencial de elementos lógicos com os quais opera, mas também sua respectiva regra de supressão. Por esse motivo, um simples levantamento de categorias semânticas de predicadores não traz resultados satisfatórios, uma vez que num mesmo eixo semântico podem existir diferentes categorias quanto à distribuição dos elementos lógicos. Um exemplo disso é a categoria semântica genérica dos verbos causativos, cuja definição habitual prevê uma distribuição de elementos lógicos da seguinte forma:

$$[\text{NOM}_{\{\text{OBJETIVO}:[+\text{objeto}]\}} = \text{ACU}_{\{\text{OBJETIVO}:[+\text{objeto}]\}} \text{ABL}_{\{\text{INSTRUMENTO}:[+\text{objeto}]\}}].$$

Dá-se, todavia, que inúmeras classes que se enquadrariam no esquema apresentado não admitem a mesma distribuição de elementos na representação expressa nas sentenças, conforme se pôde constatar no conjunto de classes descrito no Quadro 8 e nas respectivas descrições de cada classe.

Na medida em que os traços adotados conjugam informações relacionadas aos casos gramaticais (como NOM / ACU / ABL) e aos papéis funcionais atribuídos pelo esquema predicativo aos termos da transitividade (como [+ agente], [+ objetivo], [+ instrumento] etc.), as representações adotadas substituem satisfatoriamente os padrões sintáticos anteriormente levantados, seja na classificação, seja no registro formal de cada entrada lexical. Entretanto, a subcategorização das demais classes de palavras (especialmente a dos substantivos) torna-se necessária para que o tipo de representação aqui adotado possa efetivamente dar conta da plena descrição do comportamento gramático-discursivo dos diversos predicadores.

Além da subcategorização das demais classes de palavras, outros traços deverão ser ainda contemplados, antes que se possa efetivamente adotar plenamente esse tipo de recurso na descrição lexical. Traços aspecto-temporais (como, por exemplo, na subclasse 110) e extensionais (como, por exemplo, em 2131) foram adotados durante o processo de avaliação realizado, ainda que não estivessem previstos no conjunto de traços previamente definido.

O procedimento classificatório aqui adotado sobre os predicadores verbais tem um relativo impacto sobre a globalidade dos estudos gramaticais, especialmente no que tange ao desenvolvimento dos objetivos da linguística cognitiva e ao tratamento descritivo de situações lexicais complexas, tais como a dos termos gerundivos.

ca.pí.tu.lo
cinco

Subclasses de predicadores verbais e complexidade lexical

Através do estudo que tem sido desenvolvido, pôde-se observar que a adoção de rotinas de categorização de palavras exclusivamente baseadas em critérios sintáticos ou semânticos isolados entre si não contribui de modo satisfatório para que se obtenham classes adequadas aos interesses da descrição gramatical. O argumento mais forte para sustentar essa afirmação é o fato de que, nas dinâmicas dos sistemas gramaticais, as propriedades de diferentes ordens concorrem solidariamente para a caracterização das categorias funcionais, de modo que cada uma destas se define pelo feixe de propriedades que, articuladas umas às outras, determinam uma unidade indivisível. O objeto de análise aqui considerado – os predicadores verbais – revelou-se um segmento do léxico suficientemente complexo para que se possa tratá-lo como uma só classe de palavras, sob pena de se dar à teoria da gramática uma categoria com tamanha ambiguidade que se tornaria impraticável adotá-la como instrumento confiável de descrição gramatical.

Enquanto fenômeno gramatical, os predicadores verbais demonstram, exemplarmente, a confluência entre as noções de categorias do pensamento e classes de palavras, pois se pôde constatar que, mesmo se partindo de universos determinados no nível da representação de mundo (base das subclasses semânticas propostas no Capítulo 3), tais universos, somente quando confrontados com aspectos sintáticos e lógico-semânticos, provaram-se efetivamente capazes de caracterizar categorias gramaticalmente adequadas. Para os estudos linguísticos, um tal comportamento sugere que a natureza do fenômeno gramatical é relacionada, ao mesmo tempo, a fatores estritamente pertinentes aos componentes estruturais da gramática e a fatores oriundos dos processos gerais de representação do conhecimento controlados por determinações extralinguísticas, na ordem da cognição humana. Consequentemente, ainda que as categorias gramaticais possam ser arroladas como objeto da teoria da gramática, é preciso ter em conta que sempre haverá, sobre sua conformação teórica e operacional, prerrogativas que fogem ao controle do próprio sistema descrito, pois estas são impostas pela cognição humana. Daí resulta o princípio de que dificilmente a linguística – ou qualquer outra ciência – venha a reunir condições de determinar alguma estrutura universalmente aplicável a um modelo de gramática, porque dificilmente haverá condições de circunscrever à esfera das regras cientificamente propostas as possibilidades de representação disponíveis ao homem por meio de seu aparato cognitivo.

Perseguindo a delimitação de subclasses de predicadores verbais capazes de neutralizar as inúmeras ambiguidades descritivas decorrentes da utilização indiscriminada da classe dos verbos, foi apresentada aqui uma análise acerca de dois dos modelos classificatórios mais utilizados nas doutrinas gramaticais do século XX. Tais modelos foram: (i) o da classificação com base em critérios estritamente sintáticos, adotado, preponderantemente, em algumas doutrinas do estruturalismo, de base comportamentalista ou matemática; (ii) o da classificação com base em critérios estritamente semânticos, adotados, até meados da década de 1990, por iniciativas esparsas entre os funcionalistas europeus e por correntes da chamada *semântica gerativa*.

Ambos os tipos de classificação foram testados em situações de absoluto isolamento de um com relação ao outro, tendo sido constatado – conforme já previsto – que as classes de predicativos verbais decorrentes da aplicação desses tipos deixavam a desejar. Em cada um dos casos, foram adotados critérios de avaliação de modo que os resultados da análise não resultassem de impressões aleatórias e pudessem denunciar fatores a serem superados em cada situação-problema. Propositalmente, o estudo foi iniciado com a análise do processo de subclassificação com base em critérios estritamente sintáticos, para, somente em seguida, o processo baseado em critérios semânticos ser tratado.

Como já era esperado, a adoção de critérios estritamente sintáticos resultou em subclasses significativamente menos adequadas à descrição gramatical do que as derivadas de critérios semânticos, ainda que estas também apresentassem problemas quanto à clareza e à confiabilidade. Tal fato corroborou a noção de hierarquização geral de traços classificatórios defendida na teoria geral de classes de palavras, no Volume 1 desta coleção, segundo a qual traços hierarquicamente mais elevados estão mais próximos de operações cognitivas responsáveis pela representação, enquanto os mais inferiores estão menos próximos das operações cognitivas e mais dependentes das regras internas dos sistemas específicos de expressão. Desse modo, a possibilidade de se obterem classes de verbos genéricas o suficiente para estas serem consideradas passíveis de universalização e, ao mesmo tempo, capazes de contemplar os diferentes matizes decorrentes do processo de classificação, diminui à proporção que se buscam traços situados em posições mais inferiores na hierarquia geral de traços. Essa hierarquia inicia-se com os traços nocionais, seguidos dos semânticos, sintáticos e morfológicos. Por esse motivo, ao se optar pelos traços sintáticos, já se tinha em mente que estes deveriam ser posteriormente substituídos por traços situados em posições mais elevadas.

Foi observado que, com os traços sintáticos, a única subclassificação possível de verbos é realizada através de sua distribuição entre os diversos padrões sintáticos de frases. A partir dos dados previamente coletados, foi verificado que os padrões sintáticos do português variam em torno de um conjunto de 32 combinações possíveis. Apesar disso, muito pouco se pôde lucrar com tais padrões no processo de subclassificação de verbos, uma vez que, sem nenhum outro tipo de informação de ordem não sintática, não haveria como controlar a grande margem de flutuações que cada uma das formas verbais pode apresentar entre os diversos padrões. Foi observado também que o número de verbos empregados somente com um único padrão sintático fixo é extremamente baixo (inferior a 0,1% do total de formas verbais).

Todavia, em que pese a pouca valia dos padrões sintáticos tomados isoladamente para a classificação de verbos, o seu levantamento traz um ponto de vista de análise da estrutura frasal do português raramente contemplado, em virtude do apego à concepção tradicional de análise frasal, que toma por base combinações definidas na forma de {sujeito __ objeto direto}, {sujeito __ objeto indireto}, {sujeito __ predicativo}, {sujeito __ objeto direto predicativo} etc. Por si, o levantamento dos padrões sintáticos põe por terra a crença na hipótese de que as frases da língua possam ser genericamente descritas através do pequeno e limitado conjunto de ferramentas adotado pela tradição gramatical e pelas doutrinas formalistas.

Através dos padrões sintáticos, constatou-se haver necessidade de associá-los a algum outro tipo de fator classificatório, os quais foram levantados entre os traços semânticos. Mais uma vez, através de uma rotina de classificação organizada para excluir quaisquer outros fatores, foram levantadas novas subclasses de verbos: as subclasses semânticas.

As subclasses semânticas – inicialmente 62, às quais se acrescentaram outras 10 ao final do processo de avaliação, perfazendo o total de 72 – foram levantadas com base em categorias lógicas da representação, oriundas de estudos não exaustivos sobre princípios epistemológicos do pensamento. Através de tais subclasses, observou-se que a planificação de valores conceituais – tais como as categorias semânticas da representação – é possível, ainda que só se possa sustentar essa afirmação, aqui, no que concerne às operações predicativas (expressas, por exemplo, através de predicadores verbais). Essa estratificação, isolada de quaisquer outros aspectos, não suporta, entretanto, a descrição gramatical, considerando-se o fato de que as classes semânticas levantadas não se mostraram capazes de solucionar o problema anteriormente encontrado referente à adoção de critérios exclusivamente sintáticos, no que se refere, particularmente, à sua distintividade.

Foram confrontadas as classes semânticas de verbos com os padrões sintáticos a partir do cruzamento de informações pertinentes aos itens de um conjunto expressivo de verbos do português. A partir disso, foi constatado que os padrões sintáticos constantes em 74,2% das subclasses semânticas não sugeriam qualquer princípio que justificasse sua reunião em uma mesma classe, tampouco que solucionasse os problemas de ambiguidade distintiva previamente constatados nelas. Em razão disso, foi concluído que há a necessidade de agregar aos traços classificatórios fatores de outra ordem, cuja natureza nos permitisse analisar as condições em que se processa o fluxo de informações nas sentenças expressas pelos verbos, obtendo-se, assim, condições de confirmar ou refutar a pertinência das subclasses semânticas como categorias gramaticais.

Tais fatores reguladores foram introduzidos ao modelo de subclassificação por meio da incorporação de aspectos relacionados à operação denominada *foco*, através da qual o sujeito predetermina os elementos da representação que deverão constar no discurso expresso. Para comprovar a interferência do foco sobre a distribuição dos elementos da representação na sentença, confrontaram-se os seguintes fatores: (i) padrões sintáticos; (ii) classes semânticas e (iii) traços lógico-semânticos, estes últimos introduzidos na última etapa da rotina de subclassificação, apresentada no Capítulo 4. A adoção desses traços foi baseada em estudo prévio descrito em Senna (1991b), com base no qual se constatou que o foco determina não somente os elementos a constar na sentença, mas também um gradiente de elementos que são capazes de satisfazer as intenções comunicativas do falante. Através desse confronto, foi observado que – exceto em 10 casos – as combinações aparentemente estranhas de padrões sintáticos em cada classe nada mais eram do que reflexos de omissões ou redistribuição de elementos da representação nas frases construídas com verbos de uma mesma classe, segundo diferentes pontos de vista eleitos pelos falantes.

O confronto final de traços sintáticos, semânticos e lógico-funcionais revelou que a melhor alternativa de modelo de categorização é o que não considera traços isolados e inclui traços relacionados à operação cognitiva do foco. Além disso, tal confronto permitiu também atestar que, apesar de se relacionarem à atividade de representação humana, as classes de verbos não podem ser reduzidas a uma mera estratificação de noções lógicas, tendo em vista que a operação de foco faculta ao falante designar na sentença quaisquer fatores, sejam eles logicamente necessários ou não.

5.1
Subclasses como bases dos gerundivos

Uma vez definido o conjunto de subclasses de verbos, analisou-se o seu impacto sobre a descrição de processos lexicais que derivam palavras complexas, tais como os gerundivos do português. Pretendeu-se, dessa forma, verificar se rotinas de subcategorização de classes de palavras contribuiriam para a compreensão de certas dinâmicas lexicais decorrentes da derivação de palavras, restringindo-se, assim, a ambiguidade descritiva em certos processos de formação de palavras.

O caso das palavras formadas pela aplicação de /-ndo/ é substantivamente interessante para o tipo de análise lexical aplicada às subclasses verbais, na medida em que os termos gerundivos descritos nos Volumes 1 e 2 desta coleção apresentam um alto grau de complexidade funcional, reflexo de um comportamento proporcionalmente ambíguo do morfema do qual são formados. /-ndo/ deriva formas lexicais que podem contrair na sentença características de nove classes de palavras, não havendo, até o momento, como discernir se tais efeitos funcionais obedeceriam, ou não, algum tipo de condicionamento que previamente os circunscrevesse a certos tipos de bases verbais em particular. Em síntese, os derivados de /-ndo/ podem resultar nos seguintes tipos de gerundivos:

i. Gerundivos comportando-se como verbos: considerando-se aqueles que formalmente apresentam-se distribuídos na sentença em locuções verbais, nas quais o auxiliar contrai funções desinenciais em relação ao verbo principal e /-ndo/ funciona como desinência.

ii. Gerundivos comportando-se como NDO propriamente dito: considerando-se exclusivamente aqueles que ocupam uma posição A distribuídos como "sujeito de".
iii. Gerundivos assemelhados a QU-A: considerando-se aqueles que podem funcionar como conjunção do tipo QU-A em orações subordinadas.
iv. Gerundivos assemelhados a T: considerando-se aqueles que podem funcionar como T controlados por $\overline{\text{N}}$ ou SN.
v. Gerundivos comportando-se como MODO: considerando-se aqueles que são controlados por $\overline{\text{V}}$ ou SV e que podem ser interpretados como qualificadores do verbo.
vi. Gerundivos assemelhados a COES: considerando-se aqueles que podem ser utilizados na marcação de relações coesivas entre as partes do texto, tal como em: *Concluindo, apresentamos os dados; Fechando esta exposição, seguem os dados conclusivos.*
vii. Gerundivos assemelhados a ADJE: considerando-se, exclusivamente, aqueles que podem ser lexicalizados como adjetivos especificadores, vindo, portanto, a receber marcas morfológicas de gênero e número.
viii. Gerundivos assemelhados a N: considerando-se, exclusivamente, aqueles que podem ser lexicalizados como substantivos, vindo, por conseguinte, a receber marcas morfológicas de gênero e número.
ix. Gerundivos assemelhados a Prep4: considerando-se aqueles que possam ser empregados em contextos que contenham preposições do tipo *exceto*.

Considerando-se por *corpus* os verbos tomados como exemplos na descrição das subclasses apresentadas nos Capítulos 3 e 4, foi testado seu comportamento como bases para /-ndo/ e, para cada uma, foi discriminado um indicador referente à situação do derivado frente aos nove efeitos funcionais possíveis. Os indicadores empregados foram: [+]: aplicado quando todos os verbos da subclasse pudessem derivar gerundivos com determinado efeito funcional; [⊕]: aplicado quando apenas um pequeno número de verbos não derivasse o efeito determinado; [-]: aplicado quando nenhum dos verbos derivassem o efeito determinado; [Θ]: quando apenas um pequeno número de verbos derivasse o efeito determinado. O resultado da análise foi registrado no Quadro 9, encontrado adiante.

Ao todo foram analisados 376 verbos, distribuídos entre as 72 subclasses previamente definidas e, em seguida, foi concentrada a análise sobre a distribuição dos efeitos funcionais, cujas características apontaram para fatores de significativo interesse para a compreensão da complexidade envolvida na formação dos gerundivos. Foi também analisada a situação das exceções verificadas nas subclasses registradas no quadro de distribuição de efeitos funcionais com os traços [⊕] e [⊖] a fim de verificar o impacto dos casos isolados sobre o potencial descritivo das próprias subclasses e, ao mesmo tempo, o perfil básico de características nas exceções identificadas.

Relativamente à distribuição dos perfis funcionais entre as subclasses, foi observado que, segundo a frequência de traços [+] e [⊕] somados entre si, foram formados no quadro três grandes zonas de indicadores. Na primeira delas, estão os perfis de alta frequência de aplicação a partir das bases verbais analisadas, incluindo apenas V e NDO, respectivamente com 100% e 91,7% de frequência. No extremo oposto, encontra-se uma zona em que os perfis apresentam frequência de aplicação extremamente baixa, incluindo ADJE (6,9%), N (6,9%) e Prep4 (1,4%). Já no centro do quadro, verificam-se perfis com frequência de aplicação em uma faixa percentual média, entre 20-80%, entre os quais há QU-A (81,9%), T (75%), MODO (96,4%) e COES (25%). Tais zonas de indicadores refletem diretamente predisposições funcionais do morfema */-ndo/* perante as bases verbais, cuja análise nos permite assinalar a existência de um certo padrão de aplicação para a formação de gerundivos. Diante dos perfis funcionais que aparecem em cada uma das zonas de indicadores, conclui-se que a aplicabilidade de */-ndo/* às bases verbais decresce, consideravelmente, à medida que o efeito funcional do gerundivo apresenta menor influência do traço [+V] (predominante em V e NDO), seja pela confluência com o traço [+A] – como nos perfis da zona de frequência média –, seja pela prevalência dos traços [+N] ou [+P] – como nos perfis da zona de baixa frequência. Consequentemente, conclui-se, também, que, à exceção dos casos em que os gerundivos apresentassem perfil funcional de V ou NDO, todos os demais seriam um problema para a descrição gramatical, caso se considerasse tão somente uma única classe de verbos.

Quadro 9 – Distribuição dos gerundivos segundo a base tomada entre as subclasses de predicadores verbais

Subclasse base para /-ndo/	Perfis de comportamento dos gerundivos								
	Como V	Como NDO	Assem. QU-A	Assem. T	Como MODO	Assem. COES	Assem. ADJE	Como N	Assem. Prep+4
100	+	+	+	-	-	-	-	-	-
110	+		+	⊕	-	-	⊕	⊖	-
1101	+	+	-	+	⊕	-	-	-	-
120	+	⊖	+	+	-	-	-	-	-
1201	+	⊕	+	-	+	-	-	-	-
130	+	+	+	-	-	-	-	-	-
131	+	+	⊖	+	+	-	-	-	-
132	+	+	+	+	+	-	+	+	-
1321	+	+	+	+	+	+	+	-	-
1322	+	+	+	+	-	+	-	-	-
1323	+	+	+	-	⊖	+	-	-	-
1324	+	+	-	-	-	+	-	-	-
133	+	+	+	-	+	-	-	-	-
200	+	+	+	+	-	+	-	⊖	-
201	+	+	+	+	+	-	⊖	⊖	-
202	+	+	+	+	⊖	-	-	-	-
210	+	+	+	⊖	⊖	-	-	-	-
2101	+	+	+	-	-	+	-	-	-
2102	+	+	+	-	⊕	-	-	-	⊖
211	+	+	+	+	+	-	-	-	-
212	+	+	+	+	+	-	⊖	⊖	-
213	+	+	+	+	+	-	-	-	-
2131	+	+	+	⊖	+	-	-	-	-
214	+	+	+	-	-	-	-	-	-
215	+	-	-	-	-	-	-	-	-
2151	+	+	+	+	-	+	-	-	-
220	+	+	+	+	+	+	-	⊖	-
2201	+	+	+	+	+	-	-	-	-
2202	+	-	+	-	-	+	-	-	-

(continua)

(Quadro 9 – continuação)

221	+	+	+	+	+	-	⊖	⊖	-
2211	+	+	+	+	-	-	-	-	-
222	+	+	+	+	+	-	-	-	-
223	+	+	-	+	+	-	-	-	-
2231	+	+	-	+	+	-	-	-	-
224	+	+	-	+	+	-	-	⊖	-
230	+	+	+	+	+	-	-	-	-
231	+	+	+	+	+	⊕	-	-	⊕
232	+	-	+	-	-	-	-	-	-
2321	+	-	+	+	-	-	-	-	-
240	+	+	+	+	+	+	-	-	-
241	+	+	+	+	+	-	-	-	-
2411	+	-	+	+	+	-	-	-	-
2412	+	+	+	+	+	⊖	-	-	-
242	+	+	+	+	-	-	-	-	-
243	+	+	+	+	+	-	-	-	-
244	+	+	-	+	+	-	-	⊖	-
245	+	+	+	+	+	-	-	-	-
246	+	+	+	+	+	-	-	⊖	-
2461	+	+	-	+	+	-	-	-	-
2462	+	+	+	+	+	+	-	-	-
250	+	+	-	+	+	-	-	-	-
251	+	+	+	+	⊕	-	⊖	⊖	-
252	+	+	+	+	+	-	-	-	-
253	+	+	+	+	+	-	⊖	⊖	-
2531	+	+	+	⊖	+	-	-	-	-
2532	+	+	-	+	+	-	⊕	⊕	-
2533	+	+	-	+	+	-	-	⊖	-
254	+	+	+	+	+	-	-	-	-
255	+	+	+	+	⊖	-	⊕	⊕	-
260	+	+	+	+	-	-	-	-	-
261	+	⊕	⊖	⊖	+	+	-	-	-
262	+	+	+	+	+	+	-	⊖	-
2621	+	+	+	+	+	-	-	+	-
2622	+	+	+	-	+	+	-	+	⊖

(Quadro 9 – conclusão)

Subclasse base para /-ndo/	Como V	Como NDO	Assem. QU-A	Assem. T	Como MODO	Assem. COES	Assem. ADJE	Como N	Assem. Prep4
	\multicolumn{9}{c}{Perfis de comportamento dos gerundivos}								
263	+	+	+	+	+	⊖	-	-	-
270	+	+	+	-	+	-	-	-	-
271	+	+	+	+	+	-	-	-	⊖
272	+	+	+	+	+	+	-	-	-
2721	+	+	+	+	+	-	-	-	-
2722	+	+	+	+	+	+	-	-	-
280	+	+	+	+	+	+	-	-	-
Nº subclasses aplicáveis	72 / 100%	66 / 91,7%	59 / 81,9%	54 / 75%	50 / 69,4%	18 / 25%	5 / 6,9%	5 / 6,9%	1 / 1,4%

As condições de aplicação de /-ndo/ às bases verbais no que se refere aos perfis funcionais esperados tende a sugerir que, no português moderno, esse morfema esteja fortemente associado ao traço [+V], assim corroborando o senso comum nos estudos gramaticais quanto a sua associação às desinências verbais. Entretanto, a sistematicidade na relação entre os gerundivos e o traço [+V] ocorre tão somente nos contextos em que tais gerundivos funcionam verdadeiramente como verbos em locuções verbais, tendo em vista que, mesmo nos contextos em que vêm a funcionar como NDO propriamente (nos quais o traço [+V] é preponderante), não se observou mais do que 91,7% de frequência entre os verbos analisados. Além disso, não se pode desprezar o fato de que cerca de 75% dos gerundivos podem ser interpretados funcionalmente como advérbios de tempo e 69,4% deles podem funcionar na sentença como advérbios de modo, ambos os casos impossíveis de serem tratados sem que se tome /-ndo/ como um sufixo que participa de um processo derivacional.

No que tange aos casos de exceções encontrados nas diversas subclasses, realizou-se um tratamento em separado a fim de verificar a possibilidade de estabelecer algum tipo de juízo sobre sua natureza e sobre seu impacto relativamente ao potencial das subclasses verbais na descrição dos gerundivos. Os casos de exceções encontrados entre os verbos analisados foram os que se apresentam no Quadro 10.

Quadro 10 – Exceções encontradas nas diversas subclasses

Como NDO	110 ⊕	Com *sobreviver* só se aplica quando acompanhado de MODO; não se aplica com *dar#se*.
	120 ⊖	Aplica-se apenas com *deformar*.
	1201 ⊕	Não se aplica com o esquema de transitividade (a) da classe.
	261 ⊕	Não se aplica com *rememorar, aclarar* e *fugir*.
Assem. QU-A	131 ⊖	Aplica-se apenas em contextos como: *Considerando o preso culpado, sentenciou-o à pena máxima*.
	261 ⊖	Aplica-se com *recordar, relembrar, lembrar* e *fugir*.
Assem. T	110 ⊕	Não se aplica com *sobreviver*.
	210 ⊖	Aplica-se somente com *olhar*.
	2131 ⊖	Aplica-se somente com *entender#se*.
	2531 ⊖	Aplica-se somente com *esquivar#se*.
	261 ⊖	Aplica-se somente com *relembrar, aclarar* e *lembrar*.
Assem. Modo	1101 ⊕	Não se aplica com *aparecer* e *resplandecer*.
	1323 ⊖	Aplica-se somente com *enriquecer*.
	202 ⊖	Aplica-se somente quando modificando verbo da mesma subclasse.
	210 ⊖	Aplica-se somente com *olhar*.
	2102 ⊕	Não se aplica com *olhar*.
	251 ⊕	Não se aplica com *dever*.
	255 ⊖	Aplica-se somente a *acompanhar, incutir* e *adestrar*.
Assem. COES	231 ⊕	Aplica-se apenas com *juntar, reunir, separar* e *cortar*.
	2412 ⊖	Aplica-se somente com *adiantar*.
	2623 ⊖	Aplica-se somente com *concluir*.
	263 ⊖	Aplica-se somente com *apoiar* e *acompanhar*.
Assem. ADJE	110 ⊕	Não se aplica com *sobreviver*.
	201 ⊖	Aplica-se somente se {ACU[+ vivo]}: *operar* e *radiografar*.
	212 ⊖	Aplica-se somente com *alimentar* e *amamentar*.
	221 ⊖	Aplica-se somente com *apelar*.
	251 ⊖	Aplica-se somente com *contratar*.
	253 ⊖	Aplica-se somente com *disputar*.
	2532 ⊕	Não se aplica com *alentar*.
	255 ⊕	Não se aplica com *acompanhar* e *incutir*.

(continua)

(Quadro 10 – conclusão)

Assem. N	110 ⊖	Aplica-se somente com *ressuscitar*.
	200 ⊖	Exceto o caso de ᴺ*fazenda*ᴺ.
	201 ⊖	Aplica-se somente com {ACU[+ VIVO]}: *operar* e *radiografar*.
	212 ⊖	Aplica-se somente com *alimentar* e *amamentar*.
	220 ⊖	Não se aplica com *ensinar* e *registrar*.
	221 ⊖	Aplica-se somente com *apelar*.
	224 ⊖	Aplica-se somente com *comungar* e *confessar*.
	244 ⊖	Aplica-se somente com *cavalgar*.
	246 ⊖	Aplica-se somente com *libertar*.
	251 ⊖	Aplica-se somente com *contratar*.
	253 ⊖	Aplica-se somente com *disputar*.
	2532 ⊕	Não se aplica com *alentar*.
	2533 ⊖	Aplica-se somente com *consolar*.
	255 ⊕	Não se aplica com *acompanhar* e *incutir*.
	262 ⊖	Exceto o caso de ᴺ*corrigenda*ᴺ.
Assem. Prep4	2102 ⊕	Não se aplica com *localizar* e *encontrar*.
	231 ⊖	Aplica-se somente com *juntar*, *prevenir*, *separar* e *cortar*.
	2622 ⊖	Aplica-se somente com *somar*.
	271 ⊖	Aplica-se somente com *abolir*.

Entre as situações discriminadas, é possível definir cinco espécies distintas de exceções, segundo sua origem ou motivação: (i) exceções derivadas de truncamentos históricos (como *fazenda* e *corrigenda*), cujas relações com as bases verbais não mais se explicam, no português moderno, através dos expedientes derivacionais em uso corrente; (ii) exceções isoladas na classe, reunindo a maioria delas, que ocorrem como acidentais e, aparentemente, de forma aleatória frente aos recursos descritivos que temos empregado aqui; (iii) exceções decorrentes de restrições sintáticas, associadas aos gerundivos que somente admitem determinado padrão sintático entre os padrões possíveis de uma subclasse; (iv) exceções decorrentes de restrições lógico-semânticas, nas quais determinados termos do esquema de transitividade da subclasse sofrem restrições ou especializações (tal como no caso de perfis funcionais que somente se obtêm, por exemplo, quando o termo acusativo apresenta o traço [+ vivo]); (v) exceções decorrentes de especificidades sintático-frasais relacionadas ao foco discursivo, envolvendo, por exemplo, a necessidade de gerundivos virem acompanhados de advérbios de modo em certos perfis funcionais.

Excluídos os casos de exceções isoladas, os demais apontam para a necessidade de se tomar o conceito gramatical de exceção numa perspectiva que vá além de considerá-lo como um mero acidente idiossincrásico. Na realidade, teríamos, entre os gerundivos, exceções de duas naturezas distintas: isoladas e motivadas. Esse fato nos permite vir a abordá-las na descrição gramatical como um fenômeno cuja origem possa ser explicada, em boa parte, em termos de dinâmicas lexicais plenamente previsíveis a partir de predisposições estruturais do sistema. O estudo das condições que explicam a existência de exceções estruturalmente motivadas no sistema nos permite avançar no interior das dinâmicas que tornam o léxico e o sistema gramatical sistemas complexos, à medida que, possivelmente, tais dinâmicas possam ser indicadoras de estados de transição que estejam por se processar no sistema da língua, seja pela formação de novas classes de palavras, seja pelo desenvolvimento de novas regras sintático-estruturais.

Por outro lado, contudo, o expressivo número de exceções isoladas entre os casos de gerundivos analisados leva à constatação de que o estudo do léxico não pode deixar de considerar que fatores extragramaticais interferem irrecorrivelmente sobre sua forma, introduzindo-lhe rupturas que passam a fazer parte do sistema da língua, mesmo que esse estudo não disponha de recursos para explicá-las.

Comparando-se o conjunto das exceções às informações apresentadas na distribuição de perfis funcionais, tornou-se possível avaliar o seu impacto sobre a previsão dos efeitos possíveis dos termos gerundivos nas sentenças. Os dados relativos à comparação de informações constam discriminados no Quadro 11.

Quadro 11 – Ocorrências de casos excepcionais de gerundivos (contrariando a tendência das subclasses como bases para/-ndo/)

	Perfis de comportamento dos gerundivos								
	Como V	Como NDO	Assem. QU-A	Assem. T	Como MODO	Assem. COES	Assem. ADJE	Como N	Assem. Prep4
Total de subclasses aplicáveis	72 100%	66 91,7%	59 81,9%	54 75%	50 69,4%	18 25%	5 6,9%	5 6,9%	1 1,4%
⊕ = exceções em bases para /-ndo/	0	3 (T:66) 45%	0	1 (T:54) 1,8%	3 (T:50) 6%	1 (T:18) 5,5%	3 (T:5) 60%	2 (T:5) 40%	1 (T:2) 100%
⊖ = exceções em não bases para /-ndo/	0	1 (T:6) 16,6%	2 (T:13) 15,4%	4 (T:18) 22,2%	4 (T:22) 16,7%	3 (T:54) 5,5%	5 (T:67) 7,4%	13 (T:67) 19,4%	3 (T:71) 4,2%
Total de exceções nas subclasses (⊕ + ⊖)	0	4 (T:72) 5,5%	2 (T:72) 2,8%	5 (T:72) 6,9%	7 (T:72) 9,7%	4 (T:72) 5,5%	8 (T:72) 11,1%	15 (T:72) 20,8%	4 (T:72) 5,5%

Os números descritos no quadro de ocorrência de casos excepcionais revelam índices muito baixos, exceto no caso dos gerundivos com perfil funcional de substantivo, entre os quais se observam todos os registros de exceções por truncamento histórico. O alto índice de exceções entre os gerundivos com perfil funcional de substantivo faz-se refletir entre os gerundivos assemelhados a adjetivos especificativos, os quais, em sua maioria, também podem funcionar como substantivos. Em seu conjunto, todavia, as exceções não somam um número expressivo frente ao total de dados analisados no *corpus* de verbos.

Em face dos elementos referentes ao comportamento dos gerundivos frente às bases verbais analisadas, é possível concluir que a subclassificação dos verbos contribui de maneira satisfatória tanto para a compreensão do modo como esses termos complexos se comportam no léxico e nas sentenças do português contemporâneo, como para a investigação de dinâmicas estruturais que possam repercutir em transformações no sistema gramatical do português a longo prazo. Diante disso, cabe assinalar que a articulação entre as contribuições apresentadas no Volume 1 desta coleção – concernentes ao modo de tratamento das classes de palavras –, os processos de subclassificação dos verbos e, posteriormente, a análise de sua relação com o comportamento dos gerundivos comprovou-se possível e pertinente, permitindo-se atestar que o estudo aqui apresentado caminhou, de modo efetivo, em direção a uma teoria sobre classificação de palavras, teoria esta capaz de ser aplicada à análise de fenômenos lexicais e estritamente gramaticais.

Desdobramentos dessa pesquisa relativa à complexidade lexical poderão beneficiar-se das contribuições aqui apresentadas, especialmente no que concerne a outras formas de relações transversais entre derivados e suas bases, tais como as relações encontradas em casos de outros morfemas historicamente relacionados aos verbos, como /-*do*/ e /-*nte*/, associados, respectivamente, aos particípios passado e presente, bem como sufixos do tipo /-*ivo*/ e /-*dor*/, cujas bases também são verbos.

no.tas

[1] A expressão *padrão sintático* tem, ainda, outras acepções na literatura especializada. Num sentido mais genérico, foi utilizada em Chomsky (1986) para definir tipos de línguas naturais, conforme a distribuição dos complementos e do verbo. Dessa definição, resultam classes de línguas, tais como: (i) línguas de padrão NVN; (ii) línguas de padrão NNV etc. A expressão foi também usada para definir as diferentes estruturas morfossintáticas capazes de preencher determinadas entradas gramaticais, daí resultando uma listagem, por exemplo, de estruturas capazes de preencher a entrada do objeto direto em determinadas línguas. Ainda a partir dessa acepção, a expressão foi usada na Teoria Gerativa referindo-se à proposição de Regras de Subcategorização Estrita, nas quais se definem os padrões sintáticos capazes de satisfazer a distribuição de complementos de verbos (cf. Chomsky, 1965).

[2] *Termo integrante* (cf. Neves, M. H. M., 1987) é definido como aquele que faz parte do predicado, complementando a ideia expressa pelo verbo. Os termos integrantes podem exercer as funções de objeto direto, objeto indireto (nos predicados verbais) ou predicativo (nos predicados nominais ou verbo-nominais). Na filosofia clássica, a predicação era considerada – como em Aristóteles – constituída por uma parte verbal (predicador) e uma ou mais partes nominais (o sujeito e os termos integrantes). Embora não haja direta correlação entre os limites nominais da predicação e as palavras que, hoje, são distribuídas em classes de palavras tradicionais, a doutrina descritiva acabou por restringir a possibilidade

de figurar nessas partes nominais da predicação apenas aos vocábulos classificáveis como nomes (substantivos, adjetivos e seus substitutos gramaticais, como os pronomes).

[3] Conferir, por exemplo, trabalhos precursores do funcionalismo contemporâneo, como os de Lyons (1977) ou Halliday (1972), com seu clássico artigo *Estrutura e função da linguagem*. Mais adiante, já em gramáticas de modelos mais formais – sem cunho normativo –, cita-se o trabalho premiado de Mira-Mateus et al., publicado em 1983. A partir de meados da década de 1980, tornou-se generalizada a concepção de que os complementos verbais não teriam relação *a priori* com qualquer classe de palavras, tendo em vista o ingresso de princípios da epistemologia cognitiva (por influência dos princípios da psicologia que influenciariam, na década de 1990, o surgimento da linguística cognitivista).

[4] Tradicionalmente, o sujeito se faz distinguir entre os complementos verbais por dois motivos. O primeiro deles, a teoria epistemológica que embasa a definição de oração como resultado da operação predicação, na qual o sujeito, funcionando como termo que sofre a predicação, distingue-se do predicado e seus termos, entre os quais o verbo funciona como predicador e os complementos, como consequências da predicação. Já no século XVII, essa rigorosa distinção entre sujeito e predicado tornou-se prescindível, na medida em que surgiram outras teorias epistemológicas propondo modelos do conhecimento sem pressupor a estrutura sujeito/predicado. O segundo motivo, responsável pela manutenção da diferença estrutural entre sujeito e predicado, é de ordem doutrinal, relacionada à questão dos casos gramaticais. Ocorre que o sujeito é o único termo da oração cujo caso é controlado *a priori* pela sentença, e não por um de seus termos. A partir dos trabalhos pioneiros de Chomsky (1990) sobre a Teoria dos Casos, essa motivação doutrinal tornou-se irrelevante, na medida em que se apresentaram princípios capazes de formalizar o uso dos casos a partir de mecanismos da própria gramática, dispensando, assim, a preservação de uma categoria condicionada a leis externas ao sistema gramatical situadas na mente.

[5] Conferir adiante, na seção concernente à subclassificação dos predicadores a partir de critérios semânticos, quando serão propostas categorias de verbos, que não levam em conta sua forma fonológica.

[6] Conferir Volume 2, itens 2.4 e 3.4, quando se propõe a existência de categorias de vocábulos que regem dois ou mais casos incluindo o nominativo, tais como os gerundivos em frases como: *Esse garoto fazendo barulho é uma cena dantesca*.

[7] Apesar de serem usualmente classificadas como orações subordinadas substantivas subjetivas, as orações encaixadas do tipo destacado em *Basta que você aperte aqui* jamais figuram no discurso na posição estrutural do sujeito (??*Que você aperte aqui basta*). Por essa razão, não há motivação para que se postule haver no português um padrão sintático como [X{... S ...} ___].

[8] A diferença básica entre a situação da oração encaixada nos Padrões 5 e 6 é justamente a mobilidade possível em 6, não observada em 5. Embora seja aparentemente inadequada

uma frase como ??*Que você aperte aqui basta* – variante do Padrão 5, vista na nota anterior –, o mesmo não se dá com as encaixadas do Padrão 6: *Que você ainda esteja aí me surpreende*. É a possibilidade de haver mobilidade na posição da encaixada que sugere haver consenso entre os falantes quanto a essas orações funcionarem como sujeito da principal. Por esse motivo, o Padrão 6 foi apresentado como $^6[x\{... S ...\}$ ___ $Prep1]^6$.

9   O dativo de interesse é encontrado em certos registros do Português (especialmente São Paulo – Capital – e interior das regiões Sudeste e Sul do Brasil), quando é empregado com fins meramente afetivos, consistindo na utilização pronome dativo da 1ª pessoa do singular, sem o tradicional valor semântico normalmente identificado nas demais ocorrências do dativo em português. Exemplo: *O menino me caiu da escada e ainda por cima me quebrou o sofá*.

10 A estrutura [TÓPICO] + [PREDICADOR] + [COMENTÁRIO] é baseada em princípios da pragmática do discurso (cf. Pontes, 1987).

11 Essa tendência a preencher com um pronome reflexivo a entrada gramatical que segue um verbo intransitivo segue o mesmo princípio que, em outras línguas, faz preencher a entrada do sujeito com um pronome neutro, quando em sentenças formadas por verbos impessoais (por exemplo, em inglês: *It rains*).

12 Para os fins deste trabalho, assumo que as entradas gramaticais preenchidas por Prep2 ocupam na sentença o espaço destinado ao ACU, ainda que possa ser substituído pelo caso gramatical regido pela própria preposição (a saber, ACU, DAT ou ABL).

13 Esse padrão sintático está sendo utilizado como elemento de testagem. Não se deve considerar um padrão regular do português.

14 Como exemplo desse tipo de classificação estritamente sintática de verbos, conferir Chomsky (1970) e Pimenta-Bueno (1983).

15 Em que pesem as especificidades lexicais das línguas particulares, as classes de palavras devem refletir necessariamente categorias maiores, que se apliquem às línguas naturais num sentido mais universal. De outra forma, tornar-se-ia impossível aludir às classes como um fenômeno da teoria da gramática.

16 O princípio de hierarquização de traços classificatórios é defendido no capítulo 3 do Volume 1, em que os traços são descritos com natureza fundada no processo de representação do conhecimento e nos mecanismos de sua expressão. Em tal hierarquia, os traços são distribuídos em quatro ordens distintas, cada uma das quais ordenada conforme seu grau de generalidade e participação no processo de representação. A hierarquia de traços se organiza do seguinte modo: i) traços nocionais: responsáveis pela definição do tipo de recursos de expressão a ser empregado; ii) traços semânticos: responsáveis pela constituição lógica das representações a serem expressas; iii) traços sintáticos: responsáveis pela definição do modo como se articulam os elementos de uma representação completa; iv) traços morfológicos:

responsáveis pelo ajuste formal das estruturas adotadas na expressão. À medida que se desce na hierarquia de traços, menos genéricos e universais estes se tornam.

[17] Os traços nocionais descrevem um esquema de functivos lógicos do pensamento, fundamentalmente os parâmetros a partir dos quais a expressão deverá ser organizada. Trata-se de traços com os quais se pode planificar os elementos estritamente lógicos da representação, assemelhando-se, portanto, aos dados constantes de representações do tipo das estruturas profundas (cf. Fillmore, 1985; Carston, 1988; Halliday; Hasan, 1989). Os traços nocionais descritos em (Senna, 1994a) são: [+ PARTE SUBSTANTIVA DA OPERAÇÃO PREDICATIVA], [+ QUALIFICATIVO], [+ EXTENSÃO DE X] e [+ SITUAÇÃO T/E] ([+ Situação em T(empo) e E(spaço)]).

[18] A definição das categorias lógicas empregadas como motivação para a definição das subclasses foi baseada em Kant (1983 [1788]), Miller e Johnson-Laird (1976), Grayeff (1975 [1951]) e Peres (1984).

[19] Os padrões reduzidos são descritos no capítulo anterior e enumerados no Quadro 2 do Volume 1.

[20] É o que chamamos aqui de *concepção integralista da cognição humana*, uma posição contrária à concepção estruturalista do pensamento, na qual os fatores são tomados em isolamento. Retomando uma posição inato-interacionista adotada em Senna (1995) – quanto à aquisição da linguagem –, propõe-se, através de uma concepção de cognição integralista, voltar à tese de que o pensamento é, *a priori*, sintético e indivisível em juízos menores. A filosofia moderna (entre Déscartes e Hegel) não concebia outra forma de epistemologia que não essa sintética – conferir, para consulta, Severino (1984a, 1984b, 1984c), Dosse (1991), Rossi (1992) e Dancy (1985). A prerrogativa do psicológico e do social – que resulta no inato-interacionismo – está fundamentada em Vygotsky (1994) e sua epistemologia.

[21] O termo *representação* tem certa ambiguidade na filosofia, podendo significar tanto o produto bruto da intuição, quanto o conceito derivado do pensamento. Neste trabalho, o termo refere-se exclusivamente aos objetos construídos pela razão sobre as intuições. Sobre representação e sua ambiguidade, conferir Grayeff (1975 [1951], p. 85-105) e Lalande (1993 [1926]).

[22] As esferas condicionantes do pensamento são um desenvolvimento de juízos e categorias definidas na filosofia kantiana, tanto na *Lógica transcendental*, como na *Crítica da razão pura*. Conferir também Grayeff (1975 [1951], p. 108-122).

[23] A extensão potencial de uma classe é definida em Senna (1994a) como o número provável de elementos que possam ser considerados seus membros. Um dos problemas gerados pela ambiguidade decorrente das classes propostas até aqui é o fato de que ou o número de elementos prováveis de algumas classes é elevado demais, ou as propriedades de uma mesma classe não são homogêneas. Em ambos os casos, há um aumento desinteressante na extensão potencial de classes de palavras, bem como sobre outros critérios para expansão ou redução do número de classes.

²⁴ Neste ponto, cabe ressaltar que a medida de avaliação incluída nesta discussão sobre classes de palavras deve ser concebida como instrumento de grande impacto sobre a heurística geral do levantamento de classes de palavras. A exemplo do que já fora proposto no volume 1, cuidados com a sistemática de classificação lexical devem ser tomados a fim de que o discurso adotado não redunde em matéria fechada em si mesma ou em novos problemas para a teoria da gramática em sua totalidade.

²⁵ A faculdade de linguagem tem sido arrolada como concernente à mera constituição e utilização de sistemas semióticos. Na realidade, o que se compreende a partir do conjunto da obra de Saussure e de sua evidente relação com a filosofia espiritualista é que essa faculdade está relacionada à própria atividade de representação, num sentido, portanto, bem mais genérico (cf. Saussure, 1970 [1926]; Senna, 1994a).

²⁶ Sobre regras de seleção e sua função na teoria da gramática gerativa, conferir Chomsky (1965) e Lobato (1986).

²⁷ Consideram-se aqui *propriedades nucleares* os termos que participam da configuração lógica da predicação. A primeira tentativa de estratificar tais propriedades remonta à Antiguidade Clássica, quando se apresentaram bases para que a predicação pudesse ser dividida em duas partes: o predicado e o predicando. Mais tarde, por inspiração das categorias cognitivas, essas duas partes começaram a ser pormenorizadas, tal como, por exemplo, na teoria da semântica gerativa (cf. Katz, 1985; Sells, 1985).

²⁸ O *foco* é um conceito da psicologia cognitiva que pode ser redefinido como o ponto da representação sobre o qual a cognição concentra sua atenção. Considerando-se que toda representação é um somatório de propriedades impressas pela cognição, o foco é a operação que seleciona entre tais propriedades uma ou mais que serão arroladas na predicação. Foco é, de certo modo, associável aos conceitos de figura e fundo (cf. Senna, 1991b; Miller; Johnson-Laird, 1976).

²⁹ Os traços lógico-semânticos decorrentes de uma perspectiva filosófica da representação são inspirados em modelos teóricos sobre a ontogênese do pensamento e sua estrutura (cf. Grayeff, 1975 [1951]; Ilari, 1992; Fillmore, 1985; Owens, 1984; Rosch; Lloyd, 1978).

³⁰ Sobre a estrutura funcional dos nomes deverbais, conferir Basílio (1980).

³¹ A natureza [- real] das operações predicativas pode ser explicada através da definição aristotélica da predicação, considerada juízo acerca dos fenômenos mentais. Até mesmo as predicações que reflitem alguma ação percebida na realidade são tomadas, nessa perspectiva, como juízos que interpretam certas transformações ocorridas na referência externa (cf. Neves, M. H. M., 1987).

³² A definição gramatical de nome concreto/abstrato é relacionada à natureza morfológica dos vocábulos, ainda que esta reflita direta relação com aspectos representacionais. Os nomes abstratos são aqueles que derivam de outros vocábulos originariamente relacionados à

expressão de substâncias [- reais], como verbos ou adjetivos (por exemplo: beleza, roubo, feiura etc.). Os nomes que originariamente expressam substâncias [+ reais] são concretos, ainda que sua referência seja semanticamente abstrata (por exemplo: sonho, alma, razão etc.).

[33] O levantamento das propriedades de Z = {... ...} envolve um complexo de informações de diferentes ordens, que vão desde as propriedades quantitativas atribuídas às representações até propriedades qualitativas aplicáveis conforme a natureza social, antropológica e individual do sujeito. Tal levantamento ainda se encontra num estágio bastante embrionário, mas algumas propriedades deverão ser, numa segunda etapa de pesquisa, assinaladas, tendo em vista sua interveniência sobre certos processos de ordenação dos termos na sentença, segundo as intenções do falante.

referências

AITCHISON, J. Words in the mind. Oxford: B. Blackwell, 1987.

ALI, M. S. Gramática histórica portuguesa. Rio de Janeiro: Melhoramentos, [S.d.]a.

_____. Gramática secundária da língua portuguesa. Rio de Janeiro: Melhoramentos, [S.d.]b.

ALTMANN, G. T. M. (Ed.). Cognitive models of speech processing: psycholinguistic and computational perspectives. Cambridge, MA: MIT Press, 1995.

ARENS, H. La linguistica: sus textos y su evolución desde la antiguedad hasta nuestros dias. Madrid: Gredos, 1969.

ARISTÓTELES. A ética. Rio de Janeiro: Codecri, [S.d.]a.

_____. Arte retórica e arte poética. Rio de Janeiro: Codecri, [S.d.]b.

_____. Da interpretação. In: _____. Órganon. Bauru: Edipro, 2005. p. 81-110.

_____. Periérmeneias. In: _____. Órganon. Lisboa: Guimarães Ed., 1985. p. 123-169.

ARONOFF, M. Word formation in generative grammar. Cambridge, MA: MIT Press, 1976.

BALLMER, T. T. Logical grammar: with special consideration of topics in context change. Amsterdam: North-Holland, 1978.

BASÍLIO, M. M. Estruturas lexicais do Português. Petrópolis: Vozes, 1980.

---

* Para situar o leitor no contexto histórico, em algumas obras, apresenta-se a data da publicação consultada seguida do ano da publicação do original.

BASÍLIO, M. M. Teoria lexical. São Paulo: Ática, 1987.

_____. Verbos em -a(r) em português: afixação ou conversão? Delta, São Paulo, v. 9, n. 2, 1993.

BASTOS, J. T. da S. Dicionário etimológico, prosódico e ortográfico da língua portuguesa. Lisboa: P. A. M. Paranhos, 1928.

BECHARA, E. Moderna gramática portuguesa. São Paulo: Nacional, 1976.

BLOOMFIELD, L. Language. New York: Ac. Press, 1922.

_____. Um conjunto de postulados para a ciência da linguagem. In: DASCAL, M. (Org.). Fundamentos metodológicos da linguística. São Paulo: Global, 1978 [1926]. v. 1: Concepções gerais da Teoria Linguística. (Série Linguagem, Comunicação e Sociedade).

BOMFIM, E. Advérbios. São Paulo: Ática, 1988.

BORGES NETO, J. Adjetivos: predicados extensionais e predicados intensionais. Campinas: Ed. da Unicamp, 1991.

BOUL, M. et al. Essais de logique naturélle. Berne: Peter Lang, 1988.

BRITO, M. E. Complementação verbal: estudo dos elementos nominais básicos do verbo português. 1986. Dissertação (Mestrado em Letras) – Departamento de Letras, Pontifícia Universidade Católica do Rio de Janeiro, Rio de Janeiro, 1986.

CÂMARA JÚNIOR, J. M. Dicionário de linguística e gramática. Petrópolis: Vozes, 1977.

CARL, A. et al. Gramática latina. São Paulo: T. A. Queiroz; Edusp, 1955.

CARSTON, R. Language and cognition. In: NEWMEYER, F. J. (Ed.). Linguistics: the Cambridge survey. Cambridge, UK: CUP, 1988. v. 3: Language – psychological and biological aspects.

CHOMSKY, N. Aspectos da teoria da sintaxe. Lisboa: A. Amado, 1965.

_____. Estruturas sintáticas. Lisboa: Eds. 70, 1980a [1957].

_____. O conhecimento da língua: sua natureza, origem e uso. Lisboa: Caminho, 1986.

_____. Reflexões sobre a linguagem. São Paulo: Cultrix, 1975.

_____. Regras e representações. Rio de Janeiro: J. Zahar, 1980b.

_____. Remarks on nominalization. In: JAKOBS, R. et al. (Org.). Readings in English transformational grammar. Watham: Ginn, 1970.

_____. Some concepts and consequences of the theory of government and binding. Cambridge, MA: MIT Press, 1990.

COMRIE, B. Aspect: an introduction to the study of verbal aspect and related problems. Cambridge, UK: CUP, 1976.

COUTINHO, I. Gramática histórica. Rio de Janeiro: Livro Técnico, 1976.

CUNHA, C. Gramática da língua portuguesa. Rio de Janeiro: MEC; Fename, 1976.

DANCY, J. Epistemologia contemporânea. Lisboa: Eds. 70, 1985.

DESCARTES, R. O discurso do método. Rio de Janeiro: Codecri, [S.d.].

DIAS, A. E. da S. Syntaxe histórica portuguesa. Reed. Lisboa: Clássica, 1970.

DILLINGER, M. Parsing sintático. Boletim da Abralin, São Paulo, v. 13, p. 31-42, 1992.

DOSSE, F. História do estruturalismo. Campinas: Ed. da Unicamp, 1991. v. 1: O campo do signo, 1945/1966.

ENÇ, M. The syntax-semantics interface. In: NEWMEYER, F. J. (Ed.). Linguistics: the Cambridge survey. Cambridge, UK: CUP, 1988. v. 1: Linguistic theory – foundations. p. 239-259.

FAVERO, L. A. Grammatica philosophica da lingua portugueza: definições e divisões. Boletim da Abralin, São Paulo, 1993.

FERREIRA, A. B de H. Novo dicionário da língua portuguesa. São Paulo: Nova Fronteira, 1986.

FILLMORE, C. Frames and semantics of understandig. Quaderni di linguistica, Piazza dei Cavalieri, v. 6, n. 2, p. 222-254, 1985.

FODOR, J. Semantica: teorias del significado en la gramatica generativa. Madrid: Cátedra, 1977.

GLEASON JUNIOR, H. Introdução à linguística descritiva. Lisboa: F. C. Goulbenkian, 1978.

GRANGER, G. Por um conhecimento filosófico. Campinas: Papirus, 1988.

GRAYEFF, F. Exposição e interpretação da filosofia teórica de Kant. Lisboa: Eds. 70, 1975 [1951].

HABERMAS, J. Theorie des kommunikativen Handelns. Frankfurt: Suhrkamp, 1981.

HALLIDAY, M. A. K. Estrutura e função da linguagem. In: LYONS, J. et al. Novos horizontes em linguística. São Paulo: Cultrix, 1972. p. 134-160.

HALLIDAY, M. A. K.; HASAN, R. Language, context and text: a social semiotic perspective. Oxford: OUP, 1989.

HARENS, H. La linguistica: sus textos y su evolución desde la Antiguidad hasta nuestros dias. Madrid: Gredos, 1969.

HAWKINS, J. A. Explaining language universals. Oxford: B. Backwell, 1990.

HIRTLE, W. H. Linguistics and the dimensions of language. Lingua, v. 67, p. 65-83, 1985.

HOPER, P.; THOMPSON, S. The discourse basis for lexical categories in universal grammars. Language, v. 60, n. 4, p. 703-752, 1984.

HOUAISS, A. Dicionário enciclopédico da língua portuguesa. Rio de Janeiro: Delta, 1992.

HUBER, J. Gramática do português antigo. Lisboa: F. C. Goulbenkian, 1933.

ILARI, R. Perspectiva funcional da frase portuguesa. In: ILARI, R. (Org.). Gramática do português falado. Campinas: Ed. da Unicamp, 1992. v. 2: Níveis de análise linguística.

JACKENDOFF, R. Morphological and semantic regularities in the lexicon. Language, v. 51, n. 3, p. 639-71, 1975.

_____. Semantics and cognition. Cambridge, MA: MIT Press, 1985.

_____. The base rules for prepositional phrases. In: ANDERSON, S. R. et al. (Org.). A festschrift for Morris Halle. New York: HR & Simpson, 1973.

_____. X' syntax: a study of phrase structure. Cambridge, MA: MIT Press, 1977.

KANT, E. Crítica da razão prática. Rio de Janeiro: Codecri, 1983 [1788].

_____. Crítica da razão pura. Rio de Janeiro: Codecri, [S.d.] [1781].

KATZ, J. (Org.). The philosophy of linguistics. Cambridge, MA: MIT Press, 1985.

KATZ, J.; POSTAL, P. An integrated theory of linguistic descriptions. Cambridge, MA: MIT Press, 1964.

LABOV, W. Padrões sociolinguísticos. São Paulo: Parábola, 2008 [1972].

LALANDE, A. Vocabulário técnico e crítico da filosofia. São Paulo: M. Fontes, 1993 [1926].

LOBATO, M. L. Adjetivos: tipologia e interpretação semântica. Boletim da Abralin, São Paulo, 1993.

_____. O princípio das categorias vazias: evolução e tendências. Delta, São Paulo, v. 4, n. 2, p. 225-264, 1988a.

_____. Sintaxe gerativa do português: da teoria padrão à teoria da regência e ligação. Belo Horizonte: Vigília, 1986.

_____. Sobre a regra de anteposição do verbo no português do Brasil. Delta, São Paulo, v. 4, n. 1, p. 121-148, 1988b.

LUFT, C. Nova gramática brasileira. Porto Alegre: Globo, 1979.

LYONS, J. Semantics. Cambridge, UK: CUP, 1977.

LYONS, J. (Ed.). Novos horizontes em linguística. São Paulo: Cultrix, 1972.

MACAMBIRA, J. A estrutura morfossintática do português. São Paulo: Mestre Jou, 1982.

MCCLOSKEY, J. Syntatic theory. In: NEWMEYER, F. J. (Ed.). Linguistics: the Cambridge survey. Cambridge, UK: CUP, 1988. v. 1: Linguistic theory – foundations. p. 18-59.

MILLER, G.; JOHNSON-LAIRD, P. Language and perception. Cambridge, MA: Belknap, 1976.

MIRA-MATEUS, M. H. et al. Gramática da língua portuguesa. Coimbra: Almedina, 1983.

MORENO, A. R. Wittgenstein através das imagens. Campinas: Ed. da Unicamp, 1993.

MORENO, M. et al. Conhecimento e mudança: os modelos organizacionais na construção do conhecimento. São Paulo: Moderna, 2000.

MORENTE, G. Fundamentos de filosofia. São Paulo: Mestre Jou, 1962.

NARO, A.; VOTRE, S. Mecanismos funcionais do uso da língua: função e forma. Delta, São Paulo, v. 8, n. 2, 1992.

NASCENTES, A. Dicionário etimológico da língua portuguesa. Rio de Janeiro: Francisco Alves, 1932.

NEVES, J. Sequências verbais em português: o gerúndio em locução. 1987. Dissertação (Mestrado em Letras) – Departamento de Letras, Pontifícia Universidade Católica do Rio de Janeiro, Rio de Janeiro, 1987.

NEVES, M. H. M. A contribuição de Apolônio Díscolo. Boletim da Abralin, São Paulo, 1993.

_____. A vertente grega da gramática tradicional. São Paulo: Hucitec; Brasília: Ed. da UnB, 1987.

NEWMEYER, F. J. (Ed.). Linguistics: the Cambridge survey. Cambridge, UK: CUP, 1988. v. 1: Linguistic theory – foundations. v. 2: Linguistic theory – extensions and implications. v. 3: Language – Psychological and biological aspects.

OITICICA, J. Manual de análise. Rio de Janeiro: Melhoramentos, 1942.

ORLANDI, E. P. Funcionamento do discurso. In: _____. A linguagem e seu funcionamento. Campinas: Pontes, 1987.

OWENS, J. A note on constraint syntactic features. Word, v. 35, p. 1-14, 1984.

PASSOS, C.; PASSOS, M. E. Princípios de uma gramática modular. São Paulo: Contexto, 1990.

PAVEL, T. A miragem linguística: ensaio sobre a modernização intelectual. Campinas: Pontes, 1988.

PERES, J. Elementos para uma gramática nova. Coimbra: Almedina, 1984.

PERINI, M. Para uma nova gramática da língua portuguesa. São Paulo: Ática, 1985.

PIMENTA-BUENO, M. Aspects of verbal syntax in Brazilian portuguese within the framework of extended standard theory of grammar. 1983. (Dissertation) – Standford University, Standford California, 1983.

PLATÃO. Apologia de Sócrates. Rio de Janeiro: Codecri, [S.d.]a.

_____. Diálogos III: a república. Rio de Janeiro: Codecri, [S.d.]b.

PONTES, E. O tópico no português do Brasil. Campinas: Pontes, 1987.

_____. Verbos auxiliares em português. Petrópolis: Vozes, 1973.

RAPOSO, E. Teoria da gramática: a faculdade da linguagem. Lisboa: Caminho, 1992.

ROBINS, R. Pequena história da linguística. Rio de Janeiro: Livro Técnico, 1967.

ROCHA LIMA, C. H. Gramática normativa da língua portuguesa. Rio de Janeiro: J. Olympio, 1978.

ROEPER, T.; WILLIAMS, E. (Ed.). Parameter setting. Dordrecht: D. Reidel, 1987.

ROSCH, E.; LLOYD, B. B. Cognition and categorization. Hillsdale: L. Erlbaum, 1978.

ROSSI, P. A ciência e a filosofia dos modernos. São Paulo: Ed. da Unesp, 1992.

SANDMANN, A. J. Formação de palavras no português brasileiro contemporâneo. Curitiba: Ícone, 1989.

SAPIR, E. A linguagem. São Paulo: Perspectiva, 1921.

SAUSSURE, F. Curso de linguística geral. 2. ed. São Paulo: Cultrix, 1970 [1926].

SEARLE, J. R. Os atos de fala: um ensaio de filosofia da linguagem. Coimbra: Almedina, 1984.

SECHEHAYE, A. Essay sur la structure logique de phrase. Paris: Champion, 1950.

SELLS, P. (Ed.). Lectures on contemporary syntatic theories. Stanford: CSLI, 1985.

SENNA, L. A. G. A natureza funcional do morfema -ndo em língua portuguesa. 1994. Tese (Doutorado em Letras) – Pontifícia Universidade Católica do Rio de Janeiro, Rio de Janeiro, 1994a.

_____. A questão epistemológica das classes de palavras. In: CONGRESSO INTERNACIONAL DA ABRALIN, 1., 1996, Salvador. Anais... Salvador: Ed. da UFBA, 1996. p. 397-406.

_____. Modelos mentais na linguística pré-chomskyana. Delta, São Paulo, v. 10, n. 2, p. 339-372, 1994b.

_____. Pequeno manual de linguística geral e aplicada. Rio de Janeiro: Independentes, 1991a.

_____. Psicogênese da língua escrita, universais linguísticos e teorias de alfabetização. Alfa: Revista de Linguística, São Paulo, v. 39, p. 221-242, 1995.

_____. Questões de transitividade. Delta, São Paulo, v. 7, n. 2, p. 463-490, 1991b.

_____. Sintaxe-semântica: os determinantes portugueses. 1984. Dissertação (Mestrado em Letras) – Departamento de Letras, Pontifícia Universidade Católica do Rio de Janeiro, Rio de Janeiro, 1984.

SERBAT, G. Casos y funciones. Madrid: Gredos, 1981.

SEVERINO, E. A filosofia antiga. **Lisboa: Eds. 70, 1984a.**

_____. A filosofia contemporânea. **Lisboa: Eds. 70, 1984b.**

_____. A filosofia moderna. **Lisboa: Eds. 70, 1984c.**

SHAFF, A. A sociedade informática. **São Paulo: Brasiliense, 1985.**

SILVA NETO, S. História da língua portuguesa. Rio de Janeiro: Presença, 1979.

SIMON, J. A filosofia da linguagem. **Lisboa: Eds. 70, 1981.**

TARALLO, F. A pesquisa sociolinguística. São Paulo: Ática, 1986.

_____. Tempos linguísticos: itinerário histórico da língua portuguesa. São Paulo: Ática, 1990.

TEIXEIRA, J. Pesquisa em inteligência artificial e suas relações com a filosofia. Boletim da Abralin, São Paulo, v. 13, p. 9-12, 1992.

TESNIÈRE, L. Éléments de syntaxe structurale. Paris: Klincksieck, 1959.

TRAVAGLIA, L. C. O aspecto verbal no português: a categoria e sua expressão. Uberlândia: Ed. da UFU, 1981.

ULMANN, S. Semântica: uma introdução à ciência do significado. Lisboa: F. C. Goulbenkian, 1964.

VACHEK, J. The linguistic school of Praga: an introduction to its theory and practice. Bloomington: Indiana University Press, 1966.

VENDRYES, J. Le langage: introduction linguistique à l'histoire. Paris: A. Michel, 1978.

VILELA, M. Metáforas do nosso tempo. Coimbra: Almedina, 2002.

VYGOTSKY, L. A formação social da mente. Reimp. São Paulo: M. Fontes, 1994.

_____. Pensamento e linguagem. São Paulo: M. Fontes, 1988 [1934].

WITTGENSTEIN, J. Philosophische Untersuchungen. Oxford: B. Blackwell, 1968.

índice remissivo

/-do/, 172
/-dor/, 172
/-ivo/, 172
/-ndo/, 25, 49, 136, 138, 163, 164, 165, 166, 168, 171
/-nte/, 172
/-r/, 49
[+A], 18, 19, 34, 37, 38, 39, 41, 43, 44, 48, 49, 51, 52, 80, 82, 83, 102, 105, 108, 118, 131, 132, 141, 142, 149, 150, 151, 165
[+ agente], 105, 154,
[+ beneficiário], 105
[+ evento], 100, 103, 105, 106, 107, 117, 128
[+ EXTENSÃO DE X], 176
[+ fato], 100, 103, 105
[+ fim], 18, 105
[+ final do deslocamento], 103
[+ início do deslocamento], 103
[+ instrumento], 105, 154
[+ lugar onde], 18, 105, 118, 123
[+N], 19, 98, 100, 165

[+ objetivo], 105, 154
[+ objeto], 99, 100, 103, 105, 106, 107, 108, 109, 110, 111, 112, 113, 114, 115, 116, 117, 118, 119, 120, 121, 122, 123, 124, 125, 126, 127, 129, 130, 131, 132, 133, 134, 135, 136, 140, 141, 142, 143, 144, 145, 146, 147, 148, 153, 154
[+P], 19, 165
[+ ponto em T], 18, 105
[+ real], 98, 99, 100
[+ sensor], 105
[+ substância], 98, 101, 103, 105
[+V], 19, 100, 165, 168
[+Z] • conjunto de propriedades constitutivas, 18, 101, 102

a

ablativo, ver *caso gramatical*
abstrato • nome ~, 177
ações de encaixe textual • verbo: subclasse semântica dos ~, 61, 69
ações gramaticais • verbo: subclasse semântica dos ~, 59, 61, 68, 81, 113, 150
ações qualificadas I • verbo: subclasse semântica dos ~, 62, 77, 84, 130, 152
ações qualificadas II • verbo: subclasse semântica dos ~, 62, 78, 84, 131, 152,
ações utilitativas • verbo: subclasse semântica dos ~, 62, 78, 84, 152
acusativo, ver *caso gramatical*
adjetivo, 19, 99, 164, 172, 174, 178
adjetivo essencial • ADJE, 19, 164, 165, 166, 168, 169, 171
advérbio, 47, 50, 168, 170
advérbio de modo • MODO, 20, 164, 165, 166, 168, 169, 171
arquifonema, 46
aspectos lógico-semânticos • da operação de predicação, 26, 97, 100, 101, 103, 105, 106, 138, 153, 159, 162, 177
atividade social • verbo: subclasse semântica dos ~, 62, 74, 83, 123, 151
atividades acautelativas • verbo: subclasse semântica dos ~, 62, 75, 83, 151
atividades auxiliativas consolativas • verbo: subclasse semântica dos ~, 146
atividades biológicas • verbo: subclasse semântica dos ~, 61, 66, 80, 110, 149
atividades disputativas • verbo: subclasse semântica dos ~, 62, 74, 83, 125, 151
atividades físico-esportivas • verbo: subclasse semântica dos ~, 62, 151
atividades negociativas • verbo: subclasse semântica dos ~, 62, 74, 124, 151
atividades ofertativas • verbo: subclasse semântica dos ~, 62, 74, 83, 151

atividades semióticas primárias • verbo: subclasse semântica dos ~, 69, 81, 133, 134, 143, 144, 150

atividades semióticas primárias em animais • verbo: subclasse semântica dos ~, 143

atividades semióticas primárias humanas • verbo: subclasse semântica dos ~, 144

atividades semióticas religiosas • verbo: subclasse semântica dos ~, 61, 70, 81, 114, 150

atos avaliativos • verbo: subclasse semântica dos ~, 62, 77, 83, 129, 152

atos bloqueativos • verbo: subclasse semântica dos ~, 62, 73, 82, 122, 151

atos conscienciativos • verbo: subclasse semântica dos ~, 62, 76, 83, 128, 152

atos de espera • verbo: subclasse semântica dos ~, 61, 69, 81, 150

atos de roubo ou restituição • verbo: subclasse semântica dos ~, 62, 73, 122

atos decretativos • verbo: subclasse semântica dos ~, 62, 77, 84, 130, 152

atos optativos • verbo: subclasse semântica dos ~, 62, 77, 83, 128, 152

atos sustentativos • verbo: subclasse semântica dos ~, 62, 73, 83, 123, 151

C

caso gramatical, 34, 46, 49, 50, 175
- ablativo • ABL, 19, 34, 44, 47, 50, 51, 52, 107, 108, 109, 110, 111, 112, 115, 116, 117, 118, 119, 120, 121, 122, 123, 125, 126, 128, 129, 130, 131, 132, 134, 135, 136, 138, 140, 141, 145, 147, 153, 154, 175
- acusativo • ACU, 19, 34, 42, 44, 50, 51, 52, 107, 108, 109, 110, 111, 112, 113, 114, 115, 116, 117, 118, 119, 120, 121, 122, 123, 124, 125, 126, 127, 128, 129, 130, 131, 132, 133, 134, 135, 136, 138, 140, 141, 142, 143, 144, 145, 146, 147, 148, 153, 154, 169, 170, 175
- dativo • DAT, 20, 34, 36, 37, 38, 39, 41, 47, 50, 51, 52, 109, 113, 114, 122, 124, 125, 126, 127, 134, 135, 136, 144, 147, 175
- dativo de interesse, 36, 175
- genitivo, 34, 44
- nominativo • NOM, 20, 34, 44, 49, 50, 51, 52, 106, 107, 108, 109, 110, 111, 112, 113, 114, 115, 116, 117, 118, 119, 120, 121, 122, 123, 124, 125, 126, 127, 128, 129, 130, 131, 132, 133, 134, 135, 136, 137, 138, 140, 141, 142, 143, 144, 145, 146, 147, 148, 153, 154

categoria-barra, 21, 34

categorias adjuntas, 104

categorias lógicas, 85, 161, 176

causatividade, 60

classes de palavras, 159, 174
- adjetivo essencial • ADJE, 19, 164, 165, 166, 168, 169, 171
- advérbio de modo • MODO, 20, 164, 165, 166, 168, 169, 171
- coesivo • COES, 20, 164, 165, 166, 168, 169, 171
- conjunções adverbiais • QU-A, 20, 164, 165, 166, 168, 169, 171
- de línguas, 53, 173
- preposição(ões), 32, 34, 35, 36, 37, 38, 40, 41, 43, 44, 48, 49, 50, 51, 52, 53, 80, 81, 82, 83, 107, 108, 109, 112, 113, 114, 115, 116, 118, 119, 120, 121, 122, 123, 124, 125, 126, 127, 128, 129, 130, 131, 132, 133, 134, 135, 136, 137, 144, 146, 147, 148, 149, 150, 151, 152, 164, 175
- preposições 1 • Prep1, 32, 34, 35, 37, 38, 41, 43, 44, 48, 49, 51, 52, 80, 81, 82, 83, 107, 109, 113, 114, 121, 122, 124, 126, 127, 133, 135, 137, 144, 146, 147, 148, 149, 150, 151, 152, 175
- preposições 2 • Prep2, 32, 34, 35, 39, 40, 41, 42, 43, 44, 48, 49, 50, 51, 52, 53, 80, 81, 82, 83, 84, 107, 108, 111, 112, 115, 116, 117, 118, 119, 120, 121, 122, 123, 124, 125, 126, 127, 128, 129, 130, 131, 134, 145, 146, 148, 149, 150, 151, 152, 175
- preposições 3 • Prep3, 34, 40, 41, 42, 43, 44, 47, 48, 49, 50, 51, 52, 82, 83, 84, 107, 108, 109, 110, 112, 115, 116, 118, 119, 120, 121, 122, 123, 124, 125, 126, 128, 129, 130, 131, 132, 134, 135, 136, 137, 140, 141, 145, 146, 147, 149, 150, 151, 152
- preposições 4 • Prep4, 164, 165, 166, 168, 170, 171
- pronome, 34, 174
- pronome pessoal • PROP, 20, 34, 40, 42, 49, 51, 80, 81, 82, 83, 106, 107, 108, 111, 112, 114, 115, 116, 117, 118, 120, 122, 123, 124, 126, 127, 128, 134, 139, 145, 146, 148, 149, 150, 151, 152
- pronome relativo • REL, 20
- substantivo(s), 20, 25, 50, 98, 99, 154, 164, 172
- substantivo concreto, 99
- substantivo deverbal, 98

classificação • ato de ~
- traços nocionais, 16, 26, 57, 160, 175, 176
- traços semântico-funcionais, 104, 105

COES, ver *coesivo*
coesivo • COES, 20, 164, 165, 166, 168, 169, 171
cognição humana, 14, 85, 159, 176
- domínios cognitivos, 59, 60
- relação mental • *termos da representação*, 96
- substâncias, 97, 98, 99, 100, 101, 102, 103, 104, 178

Cognição humana (continuação)
- termos da representação cognitiva, 96
- valor simbólico, 60

combinatória, critérios de ~, 94

Comp, 19, 21

complemento nominal, 98

complemento verbal:
- esquema de complementos necessários, 31
- objetivo, 37, 40, 41, 104, 106, 107, 108, 109, 110, 111, 112, 113, 114, 115, 116, 117, 119, 120, 121, 122, 123, 124, 125, 126, 127, 128, 129, 130, 131, 132, 133, 134, 135, 136, 138, 140, 141, 142, 143, 144, 145, 146, 147, 153, 154
- objeto direto, 34, 39, 41, 47, 48, 104, 161, 173
- objeto indireto, 34, 47, 50, 104, 161, 173
- predicativo, 37, 39, 47, 50, 95, 103, 104, 153, 154, 160, 161, 173

conjugação, 84

conjunção, 19, 20, 79, 164
- conjunções adverbiais • QU-A, 20, 164, 165, 166, 168, 169, 171

critérios classificatórios (~ *de classificação*), 91

critérios de combinatória, 94

d

dativo, ver *caso gramatical*

dativo de interesse, 36, 175

definições estativas • verbo: subclasse semântica das ~, 62, 72, 82, 151

descrição sintática, 84

desinência, 163

desinência verbal, 168

determinação social, 60

discurso, 12, 13, 16, 32, 34, 37, 49, 58, 86, 88, 96, 153, 154, 162, 174, 175, 177

domínios cognitivos, 59, 60

e

entradas gramaticais, 46, 47, 49, 50, 173, 175

escalar • estrutura gramatical ~, 21, 34

escrita, 12

espaço • *categoria cognitiva*, 18, 105

espaço, 42, 46, 47, 48, 49, 50, 51, 52, 54, 59, 60, 72, 73, 85, 103, 105, 140, 175

especificadores, 61, 63

especificadores existenciais • verbo: subclasse semântica dos ~, 61, 63, 80, 106, 148

especificativos de crença • verbo: subclasse semântica dos ~, 62, 73, 83, 151

estado existencial • substâncias da representação, 63, 102, 103

estados afetativos • verbo: subclasse semântica dos ~, 62, 71, 82, 117, 150

estados hipotéticos • verbo: subclasse semântica dos ~, 61, 68, 81, 150

estados hipotéticos qualificados • verbo: subclasse semântica dos ~, 61, 68, 81

estados implicativos • verbo: subclasse semântica dos ~, 62, 70, 82, 117, 150

estados modalizadores • verbo: subclasse semântica dos ~, 61, 67, 81, 112, 150

estrutura, 12, 21, 27, 34, 36, 37, 38, 45, 84, 93, 94, 95, 159, 174, 175, 177

estrutura lógica da sentença, 94

estrutura profunda, 94

Estruturalismo, 12, 15, 46, 47, 160

exceções • isoladas e motivadas, 171

f

faculdade de linguagem, 93, 177

fala, 12, 13, 14, 101

fato de mundo, 95

figura, 19, 104, 177

flutuações • entre termos de classes de palavras, 161

foco, 95, 96, 97, 104, 162, 163, 170, 177

formas incoativas • do verbo, 45

formatividade, 60

formativos culturais • verbo: subclasse semântica dos ~, 62, 75, 83, 125, 151

funcionalismo, 46, 174

funções adjuntas • sintaxe, 104

funções sintáticas, 47

fundo, 177

g

generalidade • princípio da ~, 57, 175

genérico • nome, 57, 92, 94, 98, 173

gênero, 164

genitivo, ver *caso gramatical*

gerúndio, 110

gerundivo (~ *palavras gerundivas*), 15
gramática:
- modular • teoria da ~, 34
- normativa, 31
- teoria da ~, 12, 13, 14, 15, 25, 26, 27, 53, 54, 58, 59, 78, 79, 91, 92, 103, 137, 138, 159, 175, 177
- teoria da gramática modular, 34

grau(s), 46, 57, 58, 67, 104, 134, 163, 175

h

hierarquização • de traços classificatórios, 26, 56, 57, 60, 160, 175

i

identidade, 60
indicadores de duração • verbo: subclasse semântica dos ~, 62, 78, 84, 152
indicadores de empatia • verbo: subclasse semântica dos ~, 61, 67, 81, 112, 149
infinitivo, 35
intenções comunicativas, 95, 96, 104, 162
intuição do falante, 12
isoladas e motivadas • exceções, 171

l

léxico, 15, 24, 25, 27, 31, 54, 59, 100, 137, 159, 171, 172
- fatores idiossincrásicos sobre o ~, 25, 137, 138
- propriedades nucleares, 94, 177
- termos complexos, 172

linguística moderna, 11, 15, 31
locução adverbial, 104

m

manifestações não operativas • verbo • subclasse semântica dos ~, 61, 66, 149
mente humana, 11, 18, 95, 102
mútua reflexividade • princípio da ~, 27

n

natureza sintética das substâncias, 101

nocionais • traços classificatórios, 16, 26, 57, 91, 160, 175, 176

nome, 177
- abstrato, 177
- adjetivo, 21
- concreto, 177

nominais, 31, 173, 174

nominativo, ver *caso gramatical*

normativa, gramática ~, 31

nucleares • propriedades classificatórias, 94, 177

número, 32, 33, 35, 36, 37, 38, 39, 40, 41, 42, 45, 46, 48, 49, 53, 59, 60, 84, 85, 95, 103, 106, 107, 161, 164, 171, 172, 176

o

objetivo • complemento verbal, 37, 40, 41, 104, 105, 106, 107, 108, 109, 110, 111, 112, 113, 114, 115, 116, 117, 119, 120, 121, 122, 123, 124, 125, 126, 127, 128, 129, 130, 131, 132, 133, 134, 135, 136, 138, 140, 141, 142, 143, 144, 145, 146, 147, 153, 154, 155

objeto da operação, 98, 99, 100, 103, 105

objeto direto, 34, 39, 41, 47, 48, 104, 161, 173

objeto indireto, 34, 39, 47, 50, 104, 161, 173

objetos, 39, 59, 63, 64, 67, 70, 73, 74, 75, 77, 78, 85, 93, 97, 98, 99, 100, 139, 176

objetos factuais, 100

opacidade • *processo derivacional*, 25, 168

operação • *mental / predicativa*, 59, 96, 99, 103

operação predicativa, 59, 64, 96, 97, 99, 103, 174

operação predicativa • objeto da ~, 59, 64, 96, 97, 99, 100

operações analíticas denominativas • verbo: subclasse semântica dos ~, 61, 64, 80, 108, 149

operações analíticas simples • verbo: subclasse semântica dos ~, 61, 64, 80, 149

operações apelativas • verbo: subclasse semântica dos ~, 61, 69, 81, 150

operações assimilativas • verbo: subclasse semântica dos ~, 62, 76, 83, 151

operações atributivas externas • verbo: subclasse semântica dos ~, 61, 64, 80, 131, 139, 140, 141, 142, 149

operações atributivas externas I • verbo: subclasse semântica dos ~, 139, 149

operações atributivas externas II • verbo: subclasse semântica dos ~, 140, 149

operações atributivas externas III • verbo: subclasse semântica dos ~, 141, 149 operações atributivas externas IV • verbo: subclasse semântica dos ~, 141, 149

operações atributivas externas V • verbo: subclasse semântica dos ~, 142, 149

operações atributivas internas • verbo: subclasse semântica dos ~, 61, 65, 80, 108, 149

operações causadoras de movimento composto • verbo: subclasse semântica dos ~, 62, 71, 82, 118

operações causadoras de movimento simples • verbo: subclasse semântica dos ~, 62, 71, 82, 118

operações causativas • verbo: subclasse semântica dos ~, 60, 61

operações causativas existenciais • verbo: subclasse semântica dos ~, 61, 66, 81, 110, 149

operações causativas típicas • verbo: subclasse semântica dos ~, 70, 81, 115, 150

operações de arranjo • verbo: subclasse semântica dos ~, 61, 64, 80, 107, 148

operações de definição de pontos temporais • verbo: subclasse semântica dos ~, 62

operações de deslocamento temporal • verbo: subclasse semântica dos ~, 62, 72, 120

operações de percepção básica • verbo: subclasse semântica dos ~, 61, 66, 80, 132, 142, 143, 149

operações de percepção básica I • verbo: subclasse semântica dos ~, 142, 149

operações de percepção básica II • verbo: subclasse semântica dos ~, 142, 149

operações de percepção básica III • verbo: subclasse semântica dos ~, 143, 149

operações de união • verbo: subclasse semântica dos ~, 70, 82, 116, 150

operações denunciativas • verbo: subclasse semântica dos ~, 61, 69, 81, 114, 150

operações deslocativas • verbo: subclasse semântica dos ~, 60

operações dinâmicas • verbo: subclasse semântica dos ~, 61, 65, 80, 109, 149

operações estritamente mentais • verbo: subclasse semântica dos ~, 60, 62

operações existenciais • verbo: subclasse semântica dos ~, 59, 61, 63, 80, 148

operações indicadoras de ações qualificadas • verbo: subclasse semântica dos ~, 60, 62

operações indicadoras de duração • verbo: subclasse semântica dos ~, 60, 62, 78

operações lógico-cognitivas • verbo: subclasse semântica dos ~, 62, 76, 83, 135, 146, 148, 151, 152

operações lógico-cognitivas conclusivas • verbo: subclasse semântica dos ~, 148, 152

operações lógico-cognitivas típicas • verbo: subclasse semântica dos ~, 146, 151

operações matemáticas • verbo: subclasse semântica dos ~, 147, 152

operações persecutórias • verbo: subclasse semântica dos ~, 62, 72, 82, 120, 151

operações persuasivas • verbo: subclasse semântica dos ~, 62, 75, 83, 151

operações propriamente ditas • verbo: subclasse semântica dos ~, 59

operações recordativas • verbo: subclasse semântica dos ~, 62, 76, 83, 127, 151

operações semiótico-verbais • verbo: subclasse semântica dos ~, 60, 61

operações sociais • verbo: subclasse semântica dos ~, 60, 62 operações tipicamente instrumentalizadas • verbo: subclasse semântica dos ~, 61, 65, 80, 109, 136, 149

operadores de expressão, 61, 68, 81, 113, 150

operadores de expressão • verbo: subclasse semântica dos ~, 61, 68, 81, 113, 150

oração, 19, 34, 36, 37, 38, 45, 174

- orações subordinadas substantivas, 174

P

padrão sintático, 31, 33, 35, 36, 37, 38, 39, 40, 41, 42, 54, 161, 170, 173, 174, 175

padrões sintaticamente equivalentes, 50

papéis exercidos pelas substâncias, 103

papéis lógico-semânticos da predicação, 103

papéis não participantes, 104

partes do discurso, 16

particípios, 172

passado • *tempo verbal*, 172

pensamento, 11, 57, 91, 159, 161, 176, 177

- categorias lógicas, ver *cognição*

Port Royal • gramáticos de ~, 93

pragmática, 15, 175

predicação, 18, 25, 58, 59, 66, 95, 96, 97, 98, 99, 100, 102, 103, 104, 105, 138, 173, 174, 177

- aspectos lógico-semânticos, 97
- papéis lógico-semânticos, 103
- papéis não participantes, 104
- papéis semânticos, 104

• predicador(es), 16, 25, 26, 27, 30, 34, 42, 44, 46, 52, 58, 61, 63, 64, 65, 66, 67, 68, 69, 70, 71, 72, 73, 74, 75, 76, 77, 78, 79, 80, 85, 86, 87, 88, 93, 94, 96, 97, 98, 99, 100, 101, 102, 106, 137, 139, 140, 141, 142, 143, 144, 145, 146, 147, 148, 152, 154, 155, 158, 159, 161, 166, 173, 174, 175

predicações dinâmico-operativas • verbo: subclasse semântica dos ~, 59

predicações existenciais • verbo: subclasse semântica dos ~, 59

predicado, 49, 95, 96, 173, 174, 177

predicativo, 37, 39, 47, 50, 95, 103, 104, 153, 154, 161, 173

Prep1, ver *preposição 1*

Prep2, ver *preposição 2*

Prep3, ver *preposição 3*

Prep4, ver *preposição 4*

preposição(ões), 32, 34, 35, 36, 37, 38, 40, 41, 43, 44, 48, 49, 50, 51, 52, 53, 80, 81, 82, 83, 107, 108, 109, 112, 113, 114, 115, 116, 118, 119, 120, 121, 122, 123, 124, 125, 126, 127, 128, 129, 130, 131, 132, 133, 134, 135, 136, 137, 144, 146, 147, 148, 149, 150, 151, 152, 164, 175

preposições 1 • Prep1, 32, 34, 35, 37, 38, 41, 43, 44, 48, 49, 51, 52, 80, 81, 82, 83, 107, 109, 113, 114, 121, 122, 124, 126, 127, 133, 135, 137, 144, 146, 147, 148, 149, 150, 151, 152, 175

preposições 2 • Prep2, 32, 34, 35, 39, 40, 41, 42, 43, 44, 48, 49, 50, 51, 52, 53, 80, 81, 82, 83, 84, 107, 108, 111, 112, 115, 116, 117, 118, 119, 120, 121, 122, 123, 124, 125, 126, 127, 128, 129, 130, 131, 134, 145, 146, 148, 149, 150, 151, 152, 175

preposições 3 • Prep3, 34, 40, 41, 42, 43, 44, 47, 48, 49, 50, 51, 52, 82, 83, 84, 107, 108, 109, 110, 112, 115, 116, 118, 119, 120, 121, 122, 123, 124, 125, 126, 128, 129, 130, 131, 132, 134, 135, 136, 137, 140, 141, 145, 146, 147, 149, 150, 151, 152

preposições 4 • Prep4, 164, 165, 166, 168, 170, 171

princípio E • categorias lógicas do pensamento, 85

princípio de mútua reflexividade, 27

princípio de reflexividade, 27

pronome(s), 34, 174

pronome pessoal • PROP, 20, 34, 40, 42, 49, 51, 80, 81, 82, 83, 106, 108, 111, 112, 114, 115, 116, 117, 118, 120, 122, 123, 124, 126, 127, 128, 134, 145, 146, 148, 149, 150, 151, 152

pronome relativo • REL, 20

PROP, ver *pronome pessoal*

propriedades nucleares, 94, 177

pseudossujeito, 50

psicologia cognitiva, 177

q

qualificadores de existência social • verbo: subclasse semântica dos ~, 61, 63, 80, 148

r

razão, 85, 95, 176, 178

referências, 92, 93, 97, 178

reflexividade • princípio da ~, 27

regência verbal, 48, 50

regras de seleção, 94, 177

regras internas • nos sistemas linguísticos, 13
REL, ver *pronome relativo*
relação mental • termos da representação, 96
relações associativas, 93, 94
representação mental, 12, 14, 97

S

semântica(s), 15, 16, 17, 26, 33, 56, 58, 59, 60, 61, 78, 79, 80, 82, 84, 87, 88, 90, 91, 92, 93, 94, 96, 106, 148, 150, 152, 154, 159, 161, 162, 177
semântica gerativa, 160, 177
sentença:
- estrutura física da ~, 46
- estrutura lógica da, 94
- estrutura profunda da ~, 94

sintagma(s), 17, 19, 21
sintaxe, 15, 30, 103
- funções adjuntas, 104
- funções sintáticas, 47
- pseudossujeito, 50
- regência verbal, 48, 50
- regras de seleção, 94, 177
- regras internas • nos sistemas linguísticos, 13, 160
- sujeito(s), 16, 18, 31, 34, 35, 36, 37, 38, 45, 47, 48, 49, 50, 53, 66, 85, 93, 95, 96, 97, 98, 99, 101, 102, 103, 104, 137, 161, 162, 164, 173, 174, 175
- sujeito lógico, 66, 96
- termo integrante, 31, 95, 173
- transformação, 100

sistema:
- complexo, 15, 16, 27

subordinação:
- marcas de ~, 19, 34

substâncias • mentais: natureza sintética das ~, 101
substâncias • papéis exercidos pelas ~, 103
substantivo(s), 20, 21, 25, 50, 98, 99, 154, 164, 172, 174
sufixo, 168, 172
sujeito lógico, 66, 96
supino, ver *caso gramatical*

t

tempo, 13, 15, 18, 21, 34, 42, 58, 59, 60, 72, 82, 85, 88, 103, 105, 151, 159, 160, 165, 168

teoria da gramática, 12, 13, 14, 15, 25, 26, 27, 53, 54, 58, 59, 78, 79, 91, 92, 103, 137, 138, 159, 175, 177

teoria da gramática modular, 34

teoria dos casos, 174

termo(s) integrante(s), 31, 95, 96, 173

termos complexos, 172

termos da representação cognitiva, 96

tópico, 44, 175

traço universal:
- hierarquização, 24, 27, 57
- nocionais, 16, 26, 57, 160, 175, 176

traços semântico-funcionais, 105

tradição gramatical, 31, 47, 103, 104, 161

transformação, 100

transitividade, 32, 33, 45, 46, 47, 48, 49, 57, 58, 95, 97, 106, 107, 108, 109, 110, 111, 112, 113, 114, 115, 116, 117, 118, 119, 120, 121, 122, 123, 124, 125, 126, 127, 128, 129, 130, 131, 132, 133, 134, 135, 136, 137, 138, 140, 141, 142, 143, 144, 145, 146, 147, 148, 154, 169, 170

transitividade • esquemas de ~, 33, 138

truncamento, 170

v

valor simbólico • categorias cognitivas, 60

verbo(s), 19, 21, 25, 26, 30, 31, 32, 33, 34, 35, 36, 37, 38, 39, 40, 41, 42, 44, 45, 46, 47, 48, 49, 50, 52, 53, 54, 56, 57, 58, 59, 60, 63, 79, 85, 91, 93, 96, 98, 99, 107, 132, 133, 136, 137, 138, 139, 154, 159, 160, 161, 162, 163, 164, 165, 168, 169, 172, 173, 174, 175, 178
- causativos, 54, 58, 154
- de ligação, 58
- de movimento, 47, 58
- desinência, 163, 168
- esquema de complementos necessários, 31
- esquemas de transitividade verbal, 33
- formas incoativas, 45
- impessoais, 35, 175
- modais, 58

Verbo (continuação)

- subclasse semântica ações de encaixe textual, 61, 69, 81, 150
- subclasse semântica ações gramaticais, 59, 61, 68, 81, 113, 150
- subclasse semântica ações utilitativas, 62, 78, 84, 152
- subclasse semântica atividade social, 62, 74, 83, 123, 151
- subclasse semântica atividades acautelativas, 62, 75, 83, 151
- subclasse semântica atividades auxiliativas, 62, 75, 83, 134, 145
- subclasse semântica atividades auxiliativas típicas, 145, 151
- subclasse semântica atividades auxiliativas consolativas, 146
- subclasse semântica atividades biológicas, 61, 66, 80, 110, 149
- subclasse semântica atividades disputativas, 62, 74, 83, 125, 151
- subclasse semântica atividades físico-esportivas, 62, 82, 151
- subclasse semântica atividades negociativas, 62, 74, 83, 124, 151
- subclasse semântica atividades ofertativas, 62, 74, 83, 151
- subclasse semântica atividades semióticas primárias, 61, 69, 81, 133, 134, 143, 144, 150
- subclasse semântica atividades semióticas primárias em animais, 143, 150
- subclasse semântica atividades semióticas primárias humanas, 144, 150
- subclasse semântica atividades semióticas religiosas, 61, 70, 81, 114, 150
- subclasse semântica atos avaliativos, 62, 77, 83, 129, 152
- subclasse semântica atos bloqueativos, 62, 73, 82, 122, 151
- subclasse semântica atos conscienciativos, 62, 76, 83, 128, 152
- subclasse semântica atos de espera, 61, 69, 81, 150
- subclasse semântica atos de roubo ou restituição, 62, 73, 82, 122, 151
- subclasse semântica atos decretativos, 62, 77, 84, 130, 152
- subclasse semântica atos optativos, 62, 77, 83, 128, 152
- subclasse semântica atos sustentativos, 62, 73, 83, 123, 151
- subclasse semântica definições estativas, 62, 72, 82, 151
- subclasse semântica especificadores existenciais, 61, 63, 80, 106, 148
- subclasse semântica especificativos de crença, 62, 73, 83, 151
- subclasse semântica estados afetativos, 62, 71, 82, 117, 150
- subclasse semântica estados hipotéticos, 61, 68, 81, 150
- subclasse semântica estados hipotéticos qualificados, 61, 68, 81, 150
- subclasse semântica estados implicativos, 62, 70, 82, 117, 150
- subclasse semântica estados modalizadores, 61, 67, 81, 112, 150
- subclasse semântica formativos culturais, 62, 75, 83, 125, 151
- subclasse semântica indicadores de duração, 62, 78, 84, 152
- subclasse semântica indicadores de empatia, 61, 67, 81, 112, 149

Verbo (continuação)

- subclasse semântica manifestações não operativas, 61, 66, 80, 149
- subclasse semântica operações analíticas denominativas, 61, 64, 80, 108, 149
- subclasse semântica operações analíticas simples, 61, 64, 80, 149
- subclasse semântica operações apelativas, 61, 69, 81, 150
- subclasse semântica operações assimilativas, 62, 76, 83, 151
- subclasse semântica operações atributivas externas, 61, 64, 80, 131
- subclasse semântica operações atributivas externas I, 139, 149
- subclasse semântica operações atributivas externas II, 140, 149
- subclasse semântica operações atributivas externas III, 141, 149
- subclasse semântica operações atributivas externas IV, 141, 149
- subclasse semântica operações atributivas externas V, 141, 142, 149
- subclasse semântica operações atributivas internas, 61, 65, 80, 108, 149
- subclasse semântica operações causadoras de movimento composto, 62, 71, 82, 118
- subclasse semântica operações causadoras de movimento simples, 62, 71, 82, 118
- subclasse semântica operações causativas, 60, 61
- subclasse semântica operações causativas existenciais, 61, 66, 81, 110, 149
- subclasse semântica operações causativas típicas, 61, 70, 81, 115, 150
- subclasse semântica operações de arranjo, 61, 64, 80, 107, 148
- subclasse semântica operações de definição de pontos temporais, 62
- subclasse semântica operações de deslocamento temporal, 62, 72, 120
- subclasse semântica operações de percepção básica, 61, 66, 80
- subclasse semântica operações de percepção básica I, 142, 149
- subclasse semântica operações de percepção básica II, 142, 149
- subclasse semântica operações de percepção básica III, 143, 149
- subclasse semântica operações de união, 61, 70, 82, 116, 150
- subclasse semântica operações denunciativas, 61, 69, 81, 114, 150
- subclasse semântica operações deslocativas, 60, 62
- subclasse semântica operações dinâmicas, 61, 65, 80, 109, 149
- subclasse semântica operações estritamente mentais, 60, 62
- subclasse semântica operações existenciais, 59, 61, 63, 80, 148
- subclasse semântica operações indicadoras de ações qualificadas, 60, 62
- subclasse semântica operações indicadoras de duração, 60, 62, 78
- subclasse semântica operações lógico-cognitivas, 62, 76, 83, 135
- subclasse semântica operações lógico-cognitivas conclusivas, 148, 152
- subclasse semântica operações lógico-cognitivas típicas, 146, 151
- subclasse semântica operações matemáticas, 147, 152
- subclasse semântica operações persecutórias, 62, 72, 82, 120, 151

Verbo (continuação)

- subclasse semântica operações persuasivas, 62, 75, 83, 151
- subclasse semântica operações propriamente ditas, 59
- subclasse semântica operações recordativas, 62, 76, 83, 127, 151
- subclasse semântica operações semiótico-verbais, 60, 61
- subclasse semântica operações sociais, 60, 62
- subclasse semântica operações tipicamente instrumentalizadas, 61, 65, 80, 109, 136, 149
- subclasse semântica operadores de expressão, 61, 68, 81, 113, 150
- subclasse semântica predicações dinâmico-operativas, 59
- subclasse semântica predicações existenciais, 59
- subclasse semântica qualificadores de existência social, 61, 63, 80, 148
- subsemântica ações de encaixe textual, 61, 69
- subsemântica ações gramaticais, 61, 68, 81, 113, 150
- subsemântica ações qualificadas I, 62, 77, 84, 152
- subsemântica ações qualificadas II, 62, 78, 84, 152
- subsemântica ações utilitativas, 62, 78, 84, 152
- transitividade dos ~, 32, 33, 45, 46, 47, 48, 49, 57, 58, 95, 97, 106, 107, 108, 109, 110, 111, 112, 113, 114, 115, 116, 117, 118, 119, 120, 121, 122, 123, 124, 125, 126, 127, 128, 129, 130, 131, 132, 133, 134, 135, 136, 137, 138, 140, 141, 142, 143, 144, 145, 146, 147, 148, 154, 169, 170
- verbos causativos, 58, 154
- verbos de ligação, 58
- verbos de movimento, 47, 58
- verbos impessoais, 35, 175
- verbos modais, 58

vocábulo, 92

no.ta
so.bre o au.tor

Luiz Antonio Gomes Senna é doutor em Linguística Aplicada pela Pontifícia Universidade Católica do Rio de Janeiro (PUC-Rio), tendo se especializado ao longo de sua carreira no estudo dos problemas teórico-descritivos relacionados à representação mental do processo de letramento.

Na condição de professor adjunto da Faculdade de Educação da Universidade do Estado do Rio de Janeiro (UERJ), atua como docente e pesquisador do Programa de Pós-Graduação em Educação e é líder do Grupo de Pesquisa Linguagem, Cognição Humana e Processos Educacionais, no qual foram empreendidos os estudos que resultaram na produção desta obra.

Os papéis utilizados neste livro, certificados por instituições ambientais competentes, são recicláveis, provenientes de fontes renováveis e, portanto, um meio **respons**ável e natural de informação e conhecimento.

Impressão: Reproset
Abril/2021